AF385135

SERMON FUNEBRE

DE TRES-HAUT
ET
TRES-PUISSANT PRINCE
JEAN GEORGE II.
PRINCE D'ANHALT,

DUC DE SAXE, D'ANGRIE ET DE WESTPHALIE,

COMTE D'ASCANIE,

SEIGNEUR DE ZERBST ET DE BERNEBOURG, &c.

GOUVERNEUR DE LA MARCHE DE BRANDEBOURG,

ET GENERALISSIME DES ARMEES DE S. A. ELECTORALE, &c.

Prononcé à Dess du dans le Château de S. Altesse Sérénissime *le* Novembre 1693.

A BERLIN,

Chez ROBERT ROGER, Libraire & Imprimeur
de Son Altesse Electorale.

M. DC. XCV.

ADAME,

Voici le Discours, que VOTRE AL-TESSE SERENISSIME m'a ordonné

EPITRE.

de faire & de publier. Comme il ne paroît
que par ses ordres, j'ai crû qu'elle voudroit
bien me permettre de le produire sous son
Auguste Nom, la matiére en étant trés-
digne.

J'y ai traité des plus grands Mystéres de
la Religion, & tout imparfait qu'est ce Discours, on peut dire, que c'est une espéce
d'abrégé du Christianisme. J'y ai voulu faire l'Eloge de feu MONSEIGNEUR le
Prince d'Anhalt, & donner quelque idée de
sa vie & de ses vertus. Que peut-on offrir
de plus agréable à une Princesse Chrêtienne,
qui a un souverain attachement pour la
Religion ; à une Epouse fidelle, qui aime
infiniment la Mémoire de son illustre E-
poux ?

Il est vrai, MADAME, que la douleur,
que Vous avez euë de sa mort, fait seule
son éloge d'une maniére inimitable. Elevée
au dessus des adversitez de la vie par la
grandeur de vôtre courage, & presque inaccessible qu'à celles, où il y a de la vertu à

EPITRE.

les sentir, vous n'auriez jamais tant pleu-
ré un Prince, qui n'eut eu que la qualité
de vôtre Epoux. L'étenduë de son Mérite a été la mesure de vôtre douleur, & le
Tresor, que Vous avez perdu, Vous a parû digne de tous vos regrets, autant par
son propre prix, que parce qu'il étoit à
Vous.

Mais, MADAME, quelque grand,
qu'ait été ce Prince, V. A. S. remplit dignement sa place. Elle donne à MONSEI-
GNEUR son Fils un second modele de bien
gouverner ; Elle rend à ses sujets, une pros-
périté, qu'ils n'osoient presque plus attendre aprés la mort de leur Souverain.

L'Europe n'a pû voir, sans admiration,
cinq Héros de suite, dans la Maison d'O-
range, & les vertus du Bisayeul, qu'on regar-
doit, en leur temps, comme des Miracles,
qui n'auroient point de suite, passer à ses Des-
cendans, & devenir les vertus communes des
Princes de cette Auguste Maison. Mais cette
gloire, MADAME, ne leur est pas particu-

EPITRE.

liére ; les Princeſſes l'ont partagée avec eux, & la Providence, qui vient d'élever le Roi vôtre Neveu ſur le Trône de la Grand'Bretagne, où ſon Mérite & ſa Naiſſance l'appelloient, n'a vû Perſonne, dans vôtre Maiſon, qui ne fut digne de régner.

Pour *VOTRE ALTESSE SERENISSIME*, *MADAME*, tout le Monde ſçait, qu'il ne lui manque aucune des vertus d'un ſi haut rang. On les voit toutes, comme à l'envi, orner en Elle une Ame grande, généreuſe, bien-faiſante, ſe répandre dans toutes ſes actions, exercer, pour ainſi dire, la Régence, dont Elle eſt chargée, & gouverner ſes ſujets d'une maniére, qui ne peut être plus glorieuſe pour Elle, ni plus utile pour eux.

Je ne ſçaurois Vous exprimer, *MADAME*, combien je ſuis touché de ce ſpectacle. Je dirai ſeulement à *V. A. S.* que je le regarde de cet œüil, dont on voit l'accompliſſement de ſes vœux.

Je n'en ai point, *MADAME*, qui me ſoient plus chers que la gloire & la proſ-

EPITRE.

périté de *VOTRE ALTESSE SE-
RENISSIME*, & des Perſonnes illu-
ſtres, qui lui appartiennent. Ces ſentimens,
que ſon Mérite & ſes bontez m'inſpirérent,
dés que j'eus l'honneur d'être à ſon ſervice,
n'ont point ceſſé, quand la Providence m'en a
éloigné, & j'oſe eſpérer auſſi, qu'Elle voudra
bien me continuér la protection & la bien-
veüillance, dont Elle m'honoroit, & que
ces graces, qu'elle m'a toûjours faites, au-
ront le même cours que le profond reſpect,
avec lequel je ſuis,

MADAME,

DE *VOTRE* ALT. SERENISSIME,

Le trés-humble, & trés-
obéiſſant Serviteur,

DE BEAUSOBRE.

Avertissement.

LE Lecteur sera surpris que ce Discours paroisse si long-temps aprés la mort de feu Monseigneur le Prince d'Anhalt ; mais tout ce qu'on peut lui dire sur cela, c'est que ce retardement n'a pas été volontaire. Il est aussi à propos qu'il sçache, que le sujet de ce Sermon a été marqué par Son Altesse Sérénissime avant que de mourir, & qu'on ne le prononça pas tout à fait tel qu'on le publie.   On s'étendit moins sur l'explication des paroles de Jesus Christ, pour avoir le loisir de parler du Prince, mais on a crû qu'en mettant ce Discours au jour, le Lecteur, qui peut se reposer, quand il veut, ne seroit pas fâché qu'on traitât ce Texte avec plus d'étenduë. Peut-être l'a-t-on trop fait.

SERMON

Sur le Verset 3. du Chap. 17. de l'Evangile selon S. Jean.

C'est ici la Vie éternelle , qu'ils te connoiſ-
ſent ſeul vrai Dieu , & celui que tu as
envoyé Jeſus Chriſt.

ENTRE les graces, que Dieu fait aux Peuples, il y en
a peu de plus importantes, que celle de leur donner de
bons Princes , & de tous les châtimens , dont il les pu-
nit , il n'y en a guéres de plus redoutable , que celui de les
leur ôter.

Comme Dieu ne gouverne pas les Peuples immédiatement
par lui-même , leur proſpérité dépend d'ordinaire des qualitez de ceux, qui les gouvernent par ſes ordres. Ils ſont heureux , quand Dieu , qui a donné de ſon pouvoir aux Princes,
leur a communiqué de ſes vertus , & qu'avec l'Autorité Souveraine ils ont reçû du Ciel les qualitez divines , qui doivent
en régler l'adminiſtration ; quand la Sageſſe éclaire cette Autorité , quand la Juſtice la conduit , quand la Piété la ſanti.

fie , quand la Clémence la tempére , quand la Valeur l'affer-
mit & la foûtient. Mais lors qu'il plaît à Dieu de retirer des
Princes de ce caractére , il n'y a guéres d'état plus trifte , ni
de châtiment plus rigoureux. Il femble qu'il enléve avec eux
le repos & la profpérité de leurs fujets, & qu'il les abandonne lui-même en les privant de l'image la plus fenfible & la
plus glorieufe de fa prefence. Leur perte eft pour les Etats,
comme une efpéce de défaillance, où le corps demeure dans
la confternation & dans le trouble, quand ces Têtes puiffantes, qui le conduifent, viennent à tomber.

Nous venons, MES FRERES , d'éprouver ces deux états.
Nous avons eu le bonheur de pofféder un des plus grands &
des meilleurs Princes du monde ; un de ces Souverains, que
Dieu donne en fa grace aux Peuples, qu'il aime ; Et nous
venons de le perdre par une mort imprévûë, lors que fa prefence étoit la plus néceffaire à fon peuple & à fa Maifon, &
qu'une fanté ferme & vigoureufe, en apparence, fembloit
nous en affurer la poffeffion pour long-temps. La mort de
cet excellent Prince eft arrivée dans le temps, qu'elle étoit
le plus à craindre, & lors qu'on la craignoit le moins, comme fi Dieu avoit voulu redoubler l'affliction publique , par
tout ce qui la pouvoit rendre plus grande & plus doulou-
reufe.

Mais je ne dois pas appliquer vôtre attention à ces triftes
réflexions, qui ne fe prefentent que trop d'elles-mêmes, &
qui ne font qu'augmenter le deüil de cette journée. Il vaut
mieux au contraire tâcher de modérer ces redoublemens de
douleur, que le fpectacle funébre, qui vient de finir, a cau-
fé dans tous les cœurs, & d'effacer, s'il eft poffible , cette
trifte image de nôtre grand Prince, qu'il y a laiffée. Le fouvenir de fes belles actions & de fes grandes qualitez pourroit
le faire pour un moment, & pour fufpendre l'affliction de fa

mort, il ne faudroit que vous faire l'Hiſtoire de ſa vie. Mais des Chrêtiens ont beſoin d'une conſolation plus ſolide & plus durable. Ce n'eſt pas aſſez pour eux, que les Perſonnes, qu'ils pleurent, ayent vécu d'une maniére glorieuſe, il faut qu'elles vivent encore, & qu'elles vivent même avec plus de gloire, qu'elles n'ont vécu.

C'eſt-là, MES FRERES, ce qui peut nous conſoler de la mort de nôtre bon Maître. C'eſt même ce qu'il a voulu nous mettre dans l'eſprit, quand il a choiſi les paroles, que je viens de vous lire, pour être la matiére de ſon Sermon funébre, & comme l'Inſcription de ſon Tombeau. Sans doute ce Prince Pieux & Sage a voulu détourner nos penſées du Cercœüil, où il devoit être couché, où il excite encore nos larmes & nos regrets, & les porter au Ciel & à la vie éternelle, où il eſt parvenu. O vous donc, qui pleurez, ou un Epoux, ou un Pere, ou un Prince, ou un Maître, Famille déſolée, Sujets affligez, éloignez vos yeux de ce Tombeau, où l'on vient d'enfermer nôtre Prince ; ſuivez-le dans le Ciel où Dieu l'a élevé, voyez-le revêtu d'une gloire & d'une autorité, plus grande infiniment que cette Majeſté mortelle, que la nature & ſa dignité avoient imprimées ſur ſon viſage, voyez-le, dis-je, avec toute la gloire & l'autorité que les bien-heureux poſſédent, & comme s'il vous parloit lui-même, écoutez les inſtructions, que ſa foi vous donne par ma bouche, & répondez au ſoin, qu'il prend lui-même de vous conſoler. *C'eſt ici*, dit le Prince aprés Jeſus Chriſt, *c'eſt ici la vie éternelle, qu'ils te connoiſſent ſeul vrai Dieu, & celui que tu as envoyé Jeſus Chriſt.*

Il n'y a rien de plus beau, MES FRERES, dans les diſcours du Seigneur, que ces excellentes paroles. Les plus grandes veritez de la Religion y ſont raſſemblées, pour en faire l'abregé de l'Evangile & de la Loi. Il eſt donc trés-important de les méditer avec une grande attention, & d'en bien établir la verité. C'eſt ce que je vais tâcher de faire dans ce diſcours, où je traiterai premiérement de l'objet, que nous devons connoître, & en ſuite de la nature de cette connoiſſance, & de ſa néceſſité par rapport à la vie éternelle. Ce ſont les deux parties de ce Diſcours.

Mais pour vous donner une idée plus diſtincte & plus étenduë de la matiére, que je dois traiter, je diviſerai ces deux parties générales en quatre Articles. J'expliquerai dans le premier la nature du vrai Dieu, & j'établirai ſon unité. Je parlerai dans le ſecond de la Perſonne de Jeſus Chriſt & je ferai voir ſon autorité divine, en qualité d'Envoyé de Dieu. J'examinerai dans le troiſiéme la nature & les cara-ctéres de la connoiſſance ſalutaire, & je la diſtinguerai de la connoiſſance fauſſe & imparfaite des mauvais Chrêtiens. Enfin, je ferai voir dans le dernier Article, que cette con-noiſſance, telle, que je l'aurai décrite, eſt la condition né-ceſſaire & infaillible du ſalut, & qu'il n'y a rien de plus ju-ſte & de plus ſage que l'inſtitution de Dieu à cet égard. La vie éternélle entre fort peu dans ce deſſein, & je n'en dirai qu'un mot en finiſſant, parce qu'il me ſemble que le Seigneur la ſuppoſe ici, & que ſon but eſt ſeulement d'en apprendre les conditions, & non la grandeur, ou la verité.

Voilà, MES FRERES, la matiére & l'ordre de ce Diſcours. Nous parlerons du Prince dans la ſuite, & aprés avoir ſatisfait à ſes ordres par l'explication de ce texte, & aux devoirs de nôtre piété envers Dieu, nous ſatisferons à ceux, que le mé-rite & les bien-faits du Prince même exigent de nôtre recon-noiſſance & de nôtre fidélité.

Jeſus Chriſt parle au Pere, & il le conſidére ſous les deux caractéres de vrai Dieu, & de ſeul Dieu. L'un marque ce qu'il eſt en lui-même, l'autre ce qu'il eſt par rapport aux

Créatures, ou aux fauſſes Divinitez, que les hommes ont ſervies. Dans le premier le Seigneur attribuë à Dieu l'eſ-fence divine, & dans l'autre il ne l'attribuë qu'à lui. C'eſt ainſi que Jeſus Chriſt conſidére Dieu dans la priére, qu'il lui adreſſe. La circonſtance eſt remarquable, & l'on ne doit pas en négliger l'obſervation.

JEſus Chriſt adore ſon Pere ; les yeux élevez au Ciel, dit l'Evangéliſte, mais l'eſprit abattu devant Dieu, il lui preſente une priére pure & ſoûmiſe, & il le regarde, dans ce moment, ſous les deux qualitez les plus propres à la prié-re & à l'adoration. Il voit Dieu, comme le *vrai Dieu*, c'eſt à dire avec ces perfections infinies, qui compoſent l'idée du vrai Dieu, qui rempliſſent l'ame d'humilité, de crainte, d'admiration pour lui, ſentimens, qui forment l'adoration veritable, & qui ſont eſſenciels à la priére. Il conſidére Dieu, comme *ſeul*, dans cette parfaite unité, qui le diſtingue des Créatures, qui l'environnent, & qui empêche l'eſprit de por-ter ailleurs ſes penſées & ſon culte. C'eſt ainſi, MES FRERES, qu'il faut contempler Dieu, quand on l'adore ; ces deux vûës ſont également néceſſaires à l'ame, qui s'approche de lui. Elle doit l'enviſager dans ſa grandeur, comme le vrai Dieu, pour l'adorer avec un ſouverain reſpect, & dans ſon unité, pour n'adorer que lui. La premiére de ces vûës inſpire la piété ; la ſeconde la dirige & l'empêche de s'égarer, & c'eſt par là qu'elles forment enſemble un culte ſpirituel, & parti-culier à Dieu, qui peut ſeul lui plaire.

Mais pour examiner ces propriétez divines, que Jeſus Chriſt attribuë au Pere, je remarque, que l'idée du vrai Dieu eſt celle d'un Etre infini à tous égards, qui poſſéde toutes les perfections poſſibles ; qui les poſſéde au plus haut degré, où elles puiſſent être élevées ; qui les poſſéde éternellement.

Ces trois caractéres unis forment l'idée du vrai Dieu.

Premiérement, il posséde toutes les perfections. La sagesse, la justice, la puissance, la bonté, l'indépendance, l'immutabilité, l'autorité souveraine, & s'il y a quelqu'autre perfection convenable aux esprits, elles se rencontrent toutes en Dieu. Car s'il lui en manquoit quelqu'une, il faudroit qu'elle se trouvât au monde, & où seroit-elle ? Ce ne peut être dans un autre Dieu, parce qu'il n'y en a point ; ni dans quelqu'une des Créatures, parce qu'il est impossible, que Dieu leur eut donné des perfections, qu'il n'auroit pas.

Secondement, il posséde toutes ces perfections au souverain degré, ou plûtôt sans degré, parce que l'infini n'en a point. Car qui pourroit avoir borné les perfections de Dieu ? Il est impossible qu'il se soit privé lui-même d'un bien, qui augmenteroit sa gloire & son bonheur, & il n'est pas moins impossible, qu'il eut dépendu à cet égard des Créatures, qui dépendent absolument de lui.

Enfin, Dieu posséde ces perfections éternellement, & la raison en est évidente. Car comme il n'y a qu'un seul Dieu, il ne peut avoir reçû ses perfections d'un autre Dieu, & l'on ne sçauroit s'imaginer, sans la derniére extravagance, qu'elles soient sorties du néant. L'Etre infini ne peut être créé, mais quand il pourroit l'être, comme la moindre des Créatures, il faudroit que ce fut par l'action d'un Dieu tout-puissant, qui subsistât avant lui, & qui fut ce Dieu éternel, que nous cherchons.

Ainsi, pour se former une idée du vrai Dieu, il faut que l'homme rassemble tout ce qu'il peut concevoir de perfections; qu'il unisse dans un Esprit infini tous ces attributs, qui ont de l'excellence & de la grandeur ; il faut qu'il éléve ces perfections aussi haut qu'il peut les porter, & qu'il reconnoisse en même temps, qu'elles font encore infiniment plus grandes que ses idées ; il faut qu'il se represente une Sagesse sans

bornes & fans erreur, qui voit & qui régle à la fois, ce qui
fe fait au plus haut Ciel, & au fonds des abîmes, dont les
vûës infinies percent toute l'éternité : une Puiffance, qui foûtient le monde, & qui le fait mouvoir, que toutes les créatures reconnoiffent & que le néant même ne peut arrêter;
une Juftice toûjours pure & toûjours incorruptible ; une Bonté, dont non feulement l'indignité, mais le crime des hommes, ne peut empêcher les effets; il faut qu'il voye ces perfections unies en Dieu, s'y conferver éternellement, dans
une parfaite indépendance, fans commencement, fans va-
riation, fans fin ; fe répandre dans le monde fans fortir de
lui-même; fe communiquer aux Créatures fans perdre rien
de leur grandeur : Il faut, dis-je, que l'efprit conçoive toutes ces chofes, qu'il raffemble toutes ces perfections, & il
aura quelque idée, ou plûtôt, quelque ombre du vrai Dieu.

Mais comme cette idée de la Nature divine, que la raifon
trouve en elle-même, fe voit encore plus diftinctement
dans l'Univers, l'Ecriture donne au vrai Dieu le caractére de
Créateur du monde, foit lors qu'elle veut le diftinguer des
faux Dieux, & éloigner les hommes de l'idolâtrie, ou lors
qu'elle veut donner une haute idée de fes perfections, & infpirer la Religion, qu'il demande.

Et certes il n'y a point de caractére, qui foit plus propre
à ces différens ufages. Il n'y en a point qui diftingue mieux
le vrai Dieu. Dés qu'on fe le reprefente comme l'Auteur de
l'Univers, il paroît dans une grandeur fi incompréhenfible,
qu'on ne peut plus le méconnoître. Non feulement tous les
faux Dieux tombent à fes pieds, confondus avec les plus vi-
les des créatures, mais ils s'évanouïffent, & rentrent dans
le néant, d'où Dieu tire le monde. Secondement il n'y a point
de caractére, qui découvre plus parfaitement les perfections
du vrai Dieu, ce qui fait dire à S. Paul, qu'elles fe voyent

comme à l'œil dans fes ouvrages. L'ame prefente dans le corps, qu'elle anime, éclate moins fur le vifage & dans les actions de l'homme, que Dieu & fes perfections infinies ne paroiffent fur la face du monde, dans fon ordre & dans fes mouvemens. Enfin, il n'y a point de caractére, qui foit plus propre à infpirer la Religion.   Rien ne fait mieux fentir à l'homme l'autorité de Dieu fur lui, la dépendance, où il eft de fon pouvoir, la néceffité de le fervir & de l'adorer feul, que la penfée, qu'il eft le Créateur de monde, auquel l'homme doit tout ce qu'il poffède, & tout ce qu'il efpére de biens.

   C'eft-là, MES FRERES, l'idée du vrai Dieu, c'eft celle d'un Efprit infini, qui a créé l'Univers d'où il eft facile de conclure, qu'il n'y a qu'un feul Dieu ; Une femblable Verité, ne peut convenir qu'à un feul Etre, & elle eft même le premier fondement de fon Unité, & le caractére incommunicable, qui le diftingue de toutes chofes.   L'Unité de Dieu eft la preuve de fa Verité.   Il eft vrai Dieu, parce qu'il eft feul Dieu.   Et la Verité de Dieu eft le fondement de fon Unité. Il eft feul Dieu, parce qu'il eft vrai Dieu. C'eft ce qui fai-foit dire fort juftement à un ancien Docteur, qu'il n'y a point de Dieu, c'eft à dire, de vrai Dieu, s'il y en a plus d'un, parce que c'eft le propre de l'Etre infini d'être unique, & que la pluralité le détruit. La raifon en eft évidente. L'Etre infini ne peut avoir de fupérieur, parce qu'il y auroit un Etre plus grand que lui ; ni d'égal, parce que fon effence & fon autorité feroient bornées, ce qui détruit évidemment l'idée de l'Etre infini.

Tertullien.

Mais quand on voudroit abandonner cette idée, quelle raifon y auroit-il de multiplier la Divinité ? Si l'on fuppofe, qu'il y a plufieurs Dieux, il faut fuppofer auffi, qu'ils ont des perfections infinies, ou limitées. On ne peut s'imaginer qu'ils ayent des perfections infinies, fans ruiner le fondement de la

pluralité

pluralité des Dieux. Un Dieu infini suffit seul à lui-même &
à l'Univers, il est par tout, il peut tout, & loin que les besoins
des créatures puissent surpasser son pouvoir, elles ne sçauroient
même l'égaler de leurs desirs. On ne peut croire, avec plus de
raison, qu'il y auroit des Dieux différens, revêtus de perfections
limitées, qui partageroient entre eux la conduite du monde.
Car pourquoi diviser les perfections de la Divinité, qu'un seul
Dieu peut unir en soi-même ? Pourquoi soûmettre le monde à l'empire de plusieurs Dieux, qui peut être gouver-
né par un seul, d'une maniére plus noble, plus parfaite &
plus seure ? Pourquoi s'imaginer des Dieux imparfaits, pour
occuper la place d'un Dieu infiniment parfait, digne d'être
adoré par ces Dieux imaginaires ? Qu'il est bien plus grand,
plus digne de la Nature Divine, & de la raison humaine, de
concevoir un Dieu tout-puissant, qui rassemble en lui-même
toutes les perfections, & qui suffit seul au monde, que de se
figurer des Dieux bornez, impuissans, imparfaits ! Mais que,
dis-je, qu'il est bien plus grand ? J'affoiblis la verité, & il
faut dire, qu'il est absolument nécessaire de concevoir un seul
Dieu, parce qu'il est impossible d'en concevoir plusieurs,
sans la derniére absurdité.

D'où vient que l'on croit, qu'il y a quelque Divinité ? C'est
non seulement, parce que le Monde suppose une Intelligence, qui l'ait ordonné, mais aussi parce qu'il est nécessaire,
qu'il y ait un Etre éternel, qui subsiste par lui-même. Mais
l'existence de plusieurs Dieux n'a aucune nécessité, ni dans
l'ordre de la Nature, qui ne la demande point, qui la combat même, & qui la rejette ; ni dans l'essence Divine, où
l'on ne trouve aucun fondement à la multiplication. Qu'y
a-t-il dans la Nature Divine, qui oblige à la multiplier, ou
qui fasse même soupçonner, que pour être parfaite, elle
doive être commune à plusieurs Etres, & former plusieurs

Dieux ? Or tout ce qui n'eſt point néceſſaire, tout ce qui ne paroît pas être abſolument vrai, par rapport à Dieu, non ſeulement il ne faut pas le recevoir ; mais il faut le rejetter comme une erreur, parce que Dieu étant un Etre éternel, on ne peut rien imaginer en lui, qui ne ſoit fondé ſur une éternelle néceſſité.

Mais ſi l'on conſidére le Monde, où Dieu a imprimé des caractéres éclatans de ſes perfections, on verra, qu'il s'accorde avec l'idée de la Nature Divine, & qu'il nous conduit comme elle à ne reconnoître qu'un ſeul Dieu. En effet, c'eſt-là, que toutes les Créatures aſſemblées dans un même Univers, dont nous ne connoiſſons point les limites, preſentent à nôtre eſprit, l'unité d'un être infini, qui l'a formé ; que l'ordre de ſes parties, leurs accords malgré l'oppoſition de leurs qualitez, leur dépendance mutuelle malgré leur éloignement, l'informité conſtante de leurs mouvemens, qui pour être ſi divers ou ſi contraires, ne s'arrêtent & ne ſe confondent jamais ; tant d'ordre, de liaiſon, & de dépendance, avec tant de grandeur & de diverſité, tout cela conduit la raiſon à la foi d'un Principe, ſeul éternel, qui a tout réglé par ſa ſageſſe. Elle ne ſçauroit concevoir pluſieurs Maîtres indépendans entre eux, dans un Monde, dont toutes les parties paroiſſent dépendre les unes des autres, & elle s'écrie hardiment ; qu'il y ait donc pluſieurs Mondes, s'il y a pluſieurs Dieux, qu'il y ait des Univers ſéparez par le néant, ſur leſquels chacun régne ſeul, & qu'il ordonne à ſon gré ; mais que ces Dieux, qui n'ont point d'autorité ſur nous, demeurent dans l'obſcurité, où ils ſont ; nous ne leur devons rien, & n'ayant pas beſoin de leur ſecours, il ne faut ni les connoître, ni les ſervir.

Ainſi la vûë de l'Univers conduit l'eſprit à la reconnoiſſance d'un ſeul Dieu ; où il arrête ſes penſées & ſon adoration.

Par tout, où il trouve de la compofition & de la pluralité, il ne peut s'y fixer. Il demande à aller plus loin, & fi on lui parle de plufieurs Dieux, il veut fçavoir, qui les a unis, ou qui les a féparez ? Qui a eu le pouvoir de limiter leur autorité, ou de l'étendre ? Qui a borné leurs perfections, s'ils font éternels, qui les a créez, s'ils ne le font pas ? Qui leur a divifé l'empire du monde, & qui a marqué à chacun leurs fujets ? Comment il peut fe conferver entre des égaux une union, qui ne s'altére jamais, s'ils n'ont pas la même nature, ou fi un Maître tout-puiffant n'a pas le foin de les conduire & de les accorder ? Comment une éternelle indépendance peut être accompagnée d'une éternelle union ? Et ne trouvant aucune réponfe folide à ces queftions, la Raifon cherche un feul Dieu, & s'éléve jufqu'à lui. Elle paffe au travers de toutes les Créatures, fans s'y arrêter, & elle monte toûjours, jufques à ce qu'elle foit arrivée à cette Unité parfaite & infinie, où toutes fes penfées & tous fes defirs fe terminent, comme au Principe & au Centre de toutes chofes, où elles trouvent leur origine & leur fin.

Tel eft, MES FRERES, le vrai Dieu, celui, que Jefus Chrift veut, que l'on connoiffe, que la Nature & la Raifon nous enfeignent, mais celui néanmoins, que le Monde n'a point connu, & fur lequel il a eu des penfées fi fauffes & fi extravagantes, que quand on regarde la nature de l'efprit, & les lumiéres, qui devoient l'éclairer, fon aveuglement paroît incroyable. Souffrez, MES FRERES, que je vous reprefente ici ces penfées des Idolâtres, & que j'oppofe les caractéres des faux Dieux à ceux du vrai Dieu.

Le vrai Dieu eft un Efprit infini, qui a toutes les perfections poffibles, & il n'y a point de défaut, de vice, de déréglement, dont on n'ait trouvé l'exemple dans les faux Dieux. Toutes les perfections de Dieu font infinies, & tous les défauts des Idoles ont été portez dans un fi grand excés, que les plus méchantes, ou les plus vaines des Créatures, ne fçauroient le furpaffer. Les perfections de Dieu font éternelles, & les faux Dieux ne font rien ; s'ils ont eu quelque exiftence, ils l'ont bien-tôt perduë, & c'eft ce qui rend le crime des Idolâtres plus grand. Ces miférables ont retiré du néant, & ils ont fait vivre dans leur efprit ces objets de leur Idolâtrie, dont le culte devoit au moins périr avec eux. Le vrai Dieu eft le Créateur du monde, & les Idoles font l'ouvrage des mains des hommes, ou ce qui doit paroître plus vain encore, l'ouvrage de leur imagination, mais d'une imagination entraînée par les paffions les plus folles & les plus criminelles. Le vrai Dieu eft unique, & le nombre des faux Dieux eft prefque infini. Dans un temps, où l'on connoiffoit à peine une petite partie de la Terre, les Grecs en ont compté, jufqu'à trente mille, & comme parle S. Gregoire de Nazianze, le monde s'eft vû couvert d'un Peuple de Dieux, juftement ainfi nommez, moins pour leur nombre, que pour leur baffeffe & leur impuiffance.

Comment eft-ce, MES FRERES, que l'homme a été capable de s'égarer jufques-là, de prendre pour le vrai Dieu ce qui n'a aucun de fes caractéres, ce qui en a même de tout contraires ? Comment a-t-il pû fe perfuader, qu'il y a un Dieu, à caufe des lumiéres, que la Raifon & la Nature lui prefentent, & croire ce même Dieu fi différent de l'état, où la Nature & la Raifon le montrent ? Par quelle étrange contradiction, lors qu'une grandeur & une fageffe infinie conduifent l'efprit à la connoiffance d'un Dieu, s'eft-il figuré des Dieux, qui n'ont ni fageffe ni grandeur, ou plûtôt, qui font l'Erreur & la Vanité même ? Il faut reconnoître ici toute la foibleffe & tout l'aveuglement de l'efprit humain, & même toute la févérité du jugement de Dieu, qui le prive de ſes lumiéres, & qui le livre à ſes propres erreurs.

Il faut pourtant remarquer, MES FRERES, à la gloire de la verité, & de la miſéricorde de Dieu, qu'au milieu de ces ténébres de l'Idolâtrie Dieu a conſervé de grandes lumiéres dans l'eſprit des Philoſophes. Ces Sages du monde, appliquez par la Providence à l'étude de la Nature, ſe ſont élevez au deſſus des ſuperſtitions du vulgaire, & ont reconnu l'exiſtence d'un ſeul Dieu, qu'ils ont décrit d'une maniére magnifique. On les a vûs le définir, comme Moïſe, Celui qui Eſt, comme Jeſus Chriſt ; le ſeul Bon, comme S. Paul & Saint Jean, le Commencement & la Fin de toutes choſes ; le repreſenter comme un Eſprit incorporel & inviſible, qui ne peut être connu ni ſervi que de l'Eſprit ; reconnoître en lui une Providence, qui ſçait, & qui régle toutes choſes, qui diſpenſe les biens & les maux ; lui attribuer un Etre éternel & immuable, un Nom ineffable ; décrire ſon Immenſité, ſon Pouvoir, ſa Majeſté, en des termes dignes de nos Prophetes, & ſon Culte, par les expreſſions de l'Evangile ; en un mot, on les a ouïs parler de Dieu d'une maniére ſi pure & ſi ſublime, que leur ſageſſe ne paroît guéres moins ſurprenante, que l'égarement des Peuples, avec leſquels ils ont vécu. Heureux, ſi avec tant de lumiéres, ils avoient glorifié le vrai Dieu, comme ils l'ont connu, & s'ils l'avoient glorifié en Jeſus Chriſt, qui eſt le ſecond Objet de la connoiſſance ſalutaire, que je dois vous propoſer.

Toutes ces idées ſont priſes de pluſieurs paſſages des Philoſophes, rapportez par les Anciens Peres, comme de Mercure Triſmegiſte, de Pythagore & de ſes Diſciples, de Platon, de Plutarque, de Porphire, d'Epictete Voy. Juſt. Martyr, dans un petit traité de l'Unité, ou de la Monarchie de Dieu.

CE qu'il faut ſçavoir de Jeſus Chriſt ſe peut réduire à deux Articles généraux, ſa Perſonne, & ſon Miniſtére. L'un & l'autre eſt compris dans nôtre Texte. Il faut connoître Jeſus Chriſt ; & connoître qu'il eſt Envoyé de Dieu.

A l'égard de ſa Perſonne, MES FRERES, vous ſçavez qu'il eſt Dieu & Homme. Il eſt Dieu ; il en porte le glorieux

I. PARTIE.

ARTICLE II.

Nom ; il en a les perfections ; il en reçoit les honneurs. Il est Homme ; il s'appelle ainsi lui-même ; il en a les propriétez naturelles ; les affections & les foiblesses innocentes. Il est, comme le Pere, le vrai Dieu & la vie éternelle ; il est, comme nous, un vrai Homme, & un Homme mortel ; & il est l'un & l'autre, dans une seule Personne, par un acte immuable de la volonté de Dieu, qui est le lien de cette Union, & par une communication de vertus, de connoissance, de pouvoir, de félicité, que la Divinité répand dans la Nature humaine, & qui l'éléve à ce degré sublime de perfection & d'honneur, où sans être changée en Dieu, ni confonduë avec lui, elle en est la plus sainte, la plus grande, & la plus parfaite image, qui fut jamais.

C'est ici, MES FRERES, la merveille propre à la Religion Chrêtienne, le grand Myftére de sa piété, le fondement de son salut, la gloire de l'Eglise, de la Nature humaine & de l'Univers même, & pour dire quelque chose de plus, la gloire de Dieu le Pere, & de la Divinité. Tout prend un nouvel éclat, quand le Seigneur vient au monde, & Dieu même trouve sa grandeur dans l'abaissement de son Fils. Ce ne sont point, MES FRERES, de vaines exagérations. De quelque œil, que l'infidelle regarde ce Myftére, il faut avoüer, que l'union de la Nature humaine avec Dieu, fait toute la gloire des Créatures, & que l'union de Dieu avec la Nature humaine fait la plus grande gloire de la Divinité.

En effet, si on regarde la personne de Jesus Chrift, par rapport au monde, elle en est l'ornement & la perfection. Elle le retire de la servitude d'un homme mortel & pécheur; elle l'unit en quelque sorte avec Dieu, par l'union d'une Créature avec lui ; elle donne à l'Univers un prix, que les plus nobles & les plus parfaites de ses parties ne sçauroient lui donner. En eſt-il quelqu'une, qu'on puiſſe comparer à la Nature humaine de Jeſus Chriſt, qui ait ou la même grandeur, ou la même pureté?

Si on regarde la perſonne du Seigneur, par rapport aux hommes en particulier, on ne peut rien concevoir de plus glorieux pour nous ; Toute la grandeur de l'homme, dans ſa Création, étoit d'être un peu moindre que les Anges ; Jeſus Chriſt l'éléve maintenant au deſſus d'eux. Nôtre chair & nôtre ſang deviennent Alliez avec Dieu, ſi j'oſe parler ainſi, & la plénitude de la Divinité habite dans un homme.

Mais ſi l'on jette les yeux ſur l'Egliſe, c'eſt-là que s'aſſemblent toutes les graces, que le Seigneur apporte au monde, Elle ſeule les poſſéde dans leur perfection. Elle eſt remplie de ſon Eſprit, de ſa juſtice, & de ſa gloire ; Dieu même eſt le Docteur, qui l'inſtruit, le Rédempteur, qui la delivre, le Médiateur, qui la réconcilie avec Dieu, & qui la conduit à lui. Elle trouve ſon Libérateur dans la perſonne de ſon Juge, & elle entre dans une ſi étroite communion avec lui, qu'elle l'a pour ſon Frere, pour ſon Epoux, pour ſon Chef, & qu'elle eſt le Corps même de cet Eſprit éternel, qui anime, & qui conduit le Monde.

Voilà de grands effets de l'Incarnation de Jeſus Chriſt, & de ſon avénement au monde. Mais il ſemble que cette Auguſte Perſonne, qui fait la gloire des Créatures, ſoit la honte de la Divinité ; au moins, c'eſt ainſi qu'en ont jugé les infidelles. Mais qu'ils ſe trompent ! ſi la Divinité eſt humiliée dans la Perſonne du Fils, elle eſt infiniment glorifiée dans la Perſonne du Pere. Que l'incrédule le reconnoiſſe lui-même, & que du fonds de cette humiliation de Dieu, qui le ſcandaliſe, & qu'il ne peut ſouffrir, il voye ſortir la plus grande gloire de la Divinité.

La gloire de Dieu, MES FRERES, conſiſte dans la mani-

festation de ses perfections, & dans les honneurs, qu'on lui
rend. A ces deux égards, il a été glorifié si parfaitement en
Jesus Christ, qu'on peut assurer, que le Monde entier l'honore moins, que la Personne du Seigneur. C'est en elle, que
toutes les perfections de Dieu éclatent à la fois, sa Sagesse,
dans le choix de la Victime, qu'il nous prépare ; sa Miséricorde, dans le don, qu'il nous en fait ; sa Justice, dans le
sacrifice qu'il en ordonne ; sa Sainteté, dans les Loix & dans
la vie du Seigneur ; sa Verité, dans l'accomplissement de tant
d'Oracles ; sa Providence, dans la disposition des Causes différentes, qu'il conduit à sa fin ; sa Puissance, dans les miracles, dans la résurrection, & dans l'exaltation de Jesus Christ.
Qui ne reconnoîtroit le Maître du monde , lors qu'on le voit
en donner l'empire à son Fils ? Mais sur tout l'Autorité de
Dieu paroît dans une grandeur infinie, par l'abaissement de
cette Personne divine, prosternée devant lui, & anéantie en
sa presence. Par tout ailleurs il ne peut recevoir des hom-
mages dignes de lui ; ils ne sont ni d'un assez grand prix, ni
d'une assez haute perfection, pour l'honorer dignement, &
ce n'est que dans l'oblation du Fils de Dieu , qu'on trouve
ces deux caractéres , qui seuls ont du rapport à la Majesté
divine , la souveraine perfection dans le sacrifice, & la souveraine grandeur dans la Personne, qui le fait.

Jesus Christ est donc Dieu & Homme, Dieu manifesté en
chair, comme parle Saint Paul, & c'est-là cette grande Verité dont, l'Apôtre veut que l'Eglise soit la Colonne & l'ap-
pui, parce que c'est en effet cette même Verité, qui est l'ap-
pui & la Colonne de l'Eglise & de sa foi. Son devoir & sa
gloire sont de la soûtenir , son repos & sa seureté d'en être
soûtenuë.

Que deviendroit l'Eglise , MES FRERES , sans la Divinité de son Rédempteur , & prétendre l'en priver , n'est-ce
pas

pas lui vouloir ôter toute fa gloire ; enlever à Ifraël l'Arche de fon Alliance, cette Arche, qui eft non feulement le Symbole, mais la verité même de la prefence de Dieu au milieu d'elle ; dépoüiller la Religion de ce qu'elle a de plus grand & de plus néceffaire, ruiner les fondemens du falut, que l'Evangile nous promet, & remplir nôtre Culte de ce qu'il y a eu de plus monftrueux dans les fauffes Religions, qui eft l'adoration d'une fimple Créature.

C'eft en vain, que pour ébranler la foi de l'Eglife les Adverfaires de la Divinité de Jefus Chrift alléguent les paroles de nôtre Texte. Car fans remarquer, que la difpofition des termes de l'original femble unir Jefus Chrift avec le Pere, pour n'être avec lui qu'un feul Dieu, & qu'on peut fort bien les traduire ainfi, c'eft ici la vie éternelle, qu'ils te connoiffent & celui que tu as envoyé, pour être le feul vrai Dieu ; fans s'arrêter, dis-je, à cette obfervation, fuppofons, qu'il faut rapporter ici le titre de vrai Dieu au Pere feul, on n'aura pourtant aucun droit d'en conclurre, que Jefus Chrift n'eft pas Dieu. Pour entendre le fens de fes paroles, il faut en confidérer le but, & tout le monde convient qu'il veut établir l'unité de la Nature Divine, contre les Payens, & non détruire la Trinité des Perfonnes ; exclurre de la Divinité les Dieux des Gentils, & non s'en exclurre lui-même, lui, qui eft appellé ailleurs le vrai Dieu & la vie éternelle.

Il ne faut point alléguer auffi, que celui qui eft l'Envoyé du vrai Dieu, ne fçauroit être le vrai Dieu lui-même, fans contradiction. Car bien que celui qui envoye, & celui qui eft envoyé, ne puiffent être la même Perfonne, il n'eft pas impoffible, qu'ils ayent la même nature, fi cette nature eft infinie. L'Evangile ne dit-il pas, que la Parole étoit avec Dieu, & qu'elle étoit Dieu, fans qu'il y ait de contradiction ? Et pourquoi y en auroit-il à dire, que Jefus Chrift eft Dieu, & qu'il eft l'Envoyé de Dieu ?

C

I

La Miſſion du Seigneur & ſa Divinité ne ſont donc point contraires. Il eſt Dieu, par ſa nature, il eſt Envoyé de Dieu, par diſpenſation ; Mais dans cet abaiſſement même, où ſon Miniſtére l'a mis, tout eſt plein de marques éclatantes de ſa Divinité. La Charge, qu'il exerce, eſt au deſſous de la Majeſté divine. Jeſus Chriſt n'a pû la recevoir ſans s'abaiſſer ; mais elle eſt au deſſus de tout autre, que de Dieu. Il n'y a que lui ſeul, qui puiſſe en remplir les fonctions, & en ſoûtenir le poids. Car enfin, aquérir le ſalut éternel ; appaiſer Dieu par une ſatisfaction parfaite ; porter ſans en être accablé, tout le faix de ſa colére ; expier, pardonner, punir le péché ; régner ſur toute l'Egliſe, & ſur l'Univers même ; être ſervi & adoré des Anges ; étendre l'autorité de ſon Nom juſques dans les Abîmes ; tenir dans ſes mains les Clefs de l'Enfer & de la mort ; ouvrir les Cieux ; répandre le S. Eſprit ſur les hommes, & leur donner enfin la vie éternelle, aprés l'avoir aquiſe par ſon ſang ; faire, dis-je, de ſi grands miracles, & recevoir de ſi grands honneurs, ſont-ce des choſes, qui puiſſent convenir, qu'à une Perſonne, qui poſſéde en elle-même toute la Puiſſance & toute la Majeſté de Dieu ?

Mais ne nous arrêtons pas à diſputer ici ; pourſuivons nôtre ſujet, & conſidérons la Miſſion du Seigneur dans ſon deſſein & dans ſon exécution. Au premier égard, elle n'eſt qu'une réſolution libre du Pere d'envoyer ſon Fils au monde ; du Fils, d'y venir ſous l'autorité du Pere, pour ſauver les croyans. Deſſein fondé, en général, ſur l'amour de Dieu pour le Monde, & ſur des vûës d'une Sageſſe & d'une Bonté infinie.

Cette réſolution s'eſt accomplie par trois actions divines, dont le Pere doit être regardé comme l'Auteur ; la conception miraculeuſe de la Nature humaine, l'union du Verbe

avec elle, la communication des dons & de l'autorité néceſſaires, pour ſauver les Fidelles. C'eſt par ces trois actions,
que Dieu a formé le Rédempteur, & qu'il l'a mis au monde. Par la premiére, il y a mis un homme innocent, tel, qu'il
le falloit pour être la Victime du péché ; par la ſeconde, un
Homme Dieu, tel, qu'il devoit être pour ſatisfaire à la Juſtice Divine, par la troiſiéme, il l'a revêtu de la Charge de
Médiateur, & il l'a établi Prophete, Sacrificateur, Roi, de
totute l'Egliſe, pour l'inſtruire par la connoiſſance de la verité, pour la racheter & la ſantifier par ſon Sacrifice, pour
la conduire par ſon Eſprit, & par ſon autorité.

Ainſi la Miſſion du Seigneur a deux parties, ſon Incarnation & ſa Charge. Lors que Dieu l'a fait homme, il a envoyé ſon Fils au monde ; Lors qu'il l'a établi Médiateur des
hommes, il l'a envoyé dans l'Egliſe, & c'eſt proprement cette derniére partie de ſa Miſſion, que le Seigneur a voulu marquer dans nôtre Texte comme l'objet eſſenciel de la Foi. En
effet connoître Jeſus Chriſt pour l'Envoyé de Dieu, c'eſt le
connoître pour ce Prophete ſouverain, que tous les Prophetes ont déſigné dans leurs Oracles, qui doit accomplir ce
qu'ils ont prédit, & révéler, ce qu'ils ont ignoré, en qui ſeul
le Pere a mis tous les treſors de ſa ſageſſe, pour les répandre dans le monde ; C'eſt le regarder comme ce Sacrificateur éternel, qui par une ſeule oblation a expié tous les péchez, conſommé tous les ſacrifices, & ſantifié tous les fidelles : C'eſt croire, qu'il eſt ce Roi céleſte & immortel, à qui
tout le Monde doit obéïr, & qui ſeul peut ſauver tout le monde, dont le Trône eſt la droite de Dieu, dont l'autorité eſt
infinie, dont le régne a l'Univers pour ſon étenduë, & l'é-
ternité pour ſa durée. En un mot, c'eſt connoître Jeſus Chriſt
pour celui, que le Pere a ſantifié, pour le Rédempteur de
l'Egliſe.

Mais comme cette importante verité pour être reçûë, doit être affermie fur des fondemens folides, il faut tâcher de la bien établir. Et il me femble qu'il ne faudroit pour cela, que fe former l'idée d'un homme envoyé de Dieu, & l'appliquer à Jefus Chrift. Mais il faut bien prendre garde à ne la pas tirer des préjugez de la chair & du fang. Ils nous figureroient quelque Roi mondain, formé fur le modelle de nos paffions, tel que les Juifs fe font imaginez leur Meffie, ou les Payens, leurs Dieux. Il faut donc prendre cette idée dans les caractéres certains de la Divinité, & dans les befoins effenciels de l'homme, parce qu'il s'agit de connoître une perfonne, qui vient de la part de Dieu, & qui vient pour fauver le Monde.

Sur ce principe, je remarque que la mifére de l'homme confifte dans un grand aveuglement d'efprit, à l'égard de fes veritables devoirs & de fes vrais biens, dans une extrême corruption de fon cœur, dans le trouble de fa confcience, dans la mort, & dans tous les maux, qui en font les dépendances néceffaires. D'où il paroît, que pour fatisfaire à fes befoins, il lui faut un Libérateur, fage, pour l'inftruire, jufte, pour le fantifier, puiffant pour le delivrer de la mort. Ce font les qualitez effencielles d'un Rédempteur, deftiné à fauver des hommes ignorans, criminels & miférables. C'eft celui que demandent leurs cœurs, que cherchent leurs befoins & leurs defirs.

Si je confidére en fuite les perfections de Dieu, il n'y en a point, qui paroiffe davantage, que ces mêmes qualitez, que je viens de marquer. Une fageffe, une Puiffance, une fainteté infinie font les attributs effenciels de Dieu, de forte qu'un homme, en qui l'on voit éclater ces perfections, porte un caractére éminent de Divinité, qui fait connoître fon origine.

Ainfi l'idée d'un Libérateur envoyé de Dieu pour fauver

les Pécheurs, eſt celle d'un Homme rempli d'une ſageſſe in‑
finie, pour être la lumiére du monde ; d'une ſainteté parfai‑
te, pour en être la Juſtice, d'une autorité ſans bornes, pour
en être le ſalut. Voilà les qualitez, que doit avoir le Ré‑
dempteur des hommes. Voilà celles de Jeſus Chriſt. Que les
plus aveugles le reconnoiſſent à ces caractéres, qui éclatent
dans ſa Perſonne, s'ils les conſidérent par rapport à Dieu,
ils ne ſçauroient douter, que le Seigneur ne ſoit deſcendu de
lui ; & s'ils les comparent à leurs propres défauts, ils ne ſçau‑
roient douter auſſi, qu'il ne ſoit venu pour eux. Oüi,
MES FRERES, tournez vos yeux ſur Jeſus Chriſt. Contem‑
plez la gloire du Fils Unique. Mettez, non vos doigts & vos
mains dans ſes playes, qui furent les ſignes de ſa Réſurrection,
mais, ſi j'oſe parler ainſi, mettez vôtre foi dans ces qualitez
glorieuſes de ſa Perſonne, qui ſont les caractéres certains de ſa
Divinité, & il eſt impoſſible, que vôtre foi ne le recon‑
noiſſe, & qu'elle ne s'écrie en l'adorant, c'eſt mon Seigneur,
c'eſt mon Dieu.

En effet, on trouve en Jeſus Chriſt cette ſageſſe Divine,
cette Religion pure & céleſte, que le Monde ne peut con‑
noître, & qui eſt pourtant la ſeule connoiſſance néceſſaire
au monde, qui nous inſtruit de la Nature de Dieu, de ſon
culte, de nos vrais biens, de nos vrais maux, & des moyens
infaillibles d'être heureux. On y trouve cette ſageſſe, qui doit
régler la vie des hommes, & qui imprime dans les paroles,
dans les actions, & dans les mœurs du Seigneur, un cara‑
ctére ſublime, qui ne le rend pas moins admirable dans ſa
conduite, que dans ſes miracles. Soit, qu'il ouvre la bouche
pour répondre à ſes Ennemis, ou pour inſtruire ſes Diſci‑
ples, pour réprimer les méchans, ou pour commander aux
Démons & à la Nature ; ſoit qu'il régle ſes démarches, ſes
conſeils, ſes actions, dans les conjonctures les plus délicates,

& les plus difficiles de fa vie, on reconnoît par tout ce Sage, que le Monde n'a pû trouver, & qu'il n'a pû même bien dépeindre, pour n'avoir pas connu le Seigneur.

Secondement on trouve en Jefus Chrift cette vertu haute & pure, non feulement inimitable, mais inconnuë à la Nature humaine ; que des Tentations, trop grandes, pour être jamais comprifes, ne peuvent altérer ; qui fe foûtient jufques dans les Enfers où Jefus Chrift eft defcendu, & où l'on ne vit jamais paroître aucune vertu, que la fienne ; qui ne tire fa force, que d'elle-même, que de l'obéïffance, qui eft dûë à Dieu, du zéle de fa gloire & du falut des miférables ; Cette vertu, qui comprend tous les devoirs de l'homme, & qui les remplit tous dans leur perfection ; qui aime Dieu fouverainement, fans rien diminuer de la charité pour les pécheurs ; qui aime les pécheurs jufques à porter Jefus Chrift à leur donner fa vie, fans diminuer rien de l'amour de Dieu ; dont l'étenduë, en un mot, égale toute la fublimité.

Enfin, on trouve en Jefus Chrift cette autorité fouveraine, & propre à la Divinité, qui s'exerce fur les Créatures indépendantes du pouvoir des hommes, & qui ne reconnoiffent que celui de Dieu. C'eft ainfi, qu'on l'a vû marquer fa naiffance par la lumiére d'une nouvelle Etoile, & fa mort par l'Eclypfe du Soleil ; ébranler la Terre, quand il expira, & ouvrir les fépulchres, lors qu'il y defcendoit lui-même ; exciter un bruit de tempête, dans un air tranquille, lors qu'il répandit le Saint Efprit, & appaifer la Tempête au milieu de fa fureur, quand il fauva fes Difciples ; calmer la Mer à fa parole, & marcher fur fes eaux ; faire defcendre les Anges du Ciel, pour le célébrer dans leurs Cantiques, ou pour le fervir dans les plus importantes occafions de fa vie ; forcer les Démons à lui obéïr, par le pouvoir, qu'il a fur eux, ou à le confeffer, par l'évidence d'une verité, qu'ils haïſſent; faire tant de merveilles, à la vûë des hommes, que le monde même auroit peine à en contenir l'Hiſtoire, & ce qui n'eſt peut-être ni moins grand, ni moins glorieux à Jeſus Chriſt, obliger ſes propres Ennemis, convaincus ou convertis par ſes miracles, à reconnoître, qu'il étoit le Fils de Dieu.

Caractéres glorieux de la Miſſion Divine de Jeſus Chriſt, que vous avez d'éclat, de grandeur & de certitude! Toute la pompe du Ciel, qui doit l'accompagner au dernier jour, & toute la Majeſté du Fils Unique, qui paroîtra dans ſa perſonne, pourra-t-elle montrer plus clairement aux hommes, le Juge du Monde, que les caractéres, que je viens de repreſenter n'ont marqué le Sauveur, que Dieu leur envoye? Il y en a pourtant d'autres encore, qui ne ſont ni moins propres à Jeſus Chriſt ni moins certains, tirez, comme les premiers, de la Nature de Dieu & des beſoins de l'homme.

Quand on regarde Dieu en lui-même, ou dans ſes Loix, il paroît revêtu d'une juſtice infinie, non trop ſévére, pour ne faire aucune grace, mais trop inviolable & trop incorruptible, pour laiſſer le crime impuni, & pour abandonner, au mépris des hommes, la Majeſté, l'équité, & la verité de ſes Loix. Cette juſtice ne pouvoit permettre le ſalut des pécheurs, ſans être ſatisfaite; Elle ne pourroit être ſatisfaite que par le ſacrifice d'une Perſonne infinie. Il falloit pour l'appaiſer une Victime, capable de mourir, & de triompher de la mort, dont la ſouffrance égalât, par ſon prix, toutes les peines des Enfers, dont l'obéïſſance méritât tous les biens de gloire; ſi grande & ſi parfaite, que Dieu trouvât en elle un plaiſir infini; ſi foible & ſi ſoûmiſe, qu'il pût lui faire ſentir toute ſa colére; trop ſainte, pour l'abandonner jamais; trop forte, pour ſuccomber ſous la peine, lors qu'il l'abandonne; En un mot, la juſtice de Dieu demandoit pour

Victime, une Perfonne Divine & humaine tout enfemble, nulle autre ne pouvant donner un prix infini à fa mort & à fon facrifice.

D'autre côté, quand on regarde les Pécheurs, on trouve, qu'ils ont befoin d'un Médiateur, qui ait du rapport à leur nature, & qui n'en ait point, qui puiffe être abaiffé à tout ce que leur condition a de plus miférable, & qui foit infiniment au deffus de leur condition, qui uniffe en lui-même l'infirmité de l'homme, pour fouffrir fes maux, & la Toutepuiffance de Dieu, pour l'en delivrer. La confiance des pécheurs ne pouvoit être affurée fur une perfonne toute foible, comme eux, elle ne fçauroit la foûtenir, ni fur une perfonne fans infirmité, elle ne peut être la victime de leurs péchez.

Ainfi la Juftice & la Majefté de Dieu, le crime & l'infirmité de l'homme, demandoient également un Médiateur foible & puiffant, mortel & immortel, en un mot, Homme & Dieu. Et quel autre, que Jefus Chrift a jamais uni, dans une feule perfonne, des natures fi différentes ? Quel autre a fait voir, dans un homme mortel toute la plénitude de la Divinité ? Quel autre a été déclaré Fils de l'homme, par les foibleffes de la mort, & Fils de Dieu en Puiffance, par la réfurrection des morts, & par tant d'autres miracles, que le Pere a faits, pour juftifier l'autorité Divine de fon Fils.

En effet la Miffion de Jefus Chrift qui paroît dans les qualitez de fa perfonne, éclate de même dans la conduite de Dieu, qui en eft l'Auteur, & fi l'on confidére ce qu'il a fait, foit avant que d'envoyer fon Fils, pour préparer le Monde à le recevoir ; foit pour le faire connoître, quand il a été venu ; foit pour le rappeller à lui, quand fa courfe & fon Miniftére ont été finis ; à quelque égard, dis-je, que l'on envifage la Miffion de Jefus Chrift elle paroît par tout marquée du Sceau de Dieu. Il l'a prédite, il l'a déclarée, il l'a confommée.

Je dis

Je dis premiérement, qu'il l'a prédite. Rappellez, MES FRERES, ces Oracles du Vieux Testament, où le Messie est dépeint par des traits si vifs, si distincts, & si singuliers, qu'on diroit quelquefois, qu'ils ont été tracez par des Témoins de sa vie, & non par des Prophetes. Moïse prédit le temps de sa venuë ; Daniel en compte les années, & en marque presque le jour ; Malachie dépeint les qualitez & l'esprit de son Précurseur ; Michée nomme le Lieu de sa Naissance, & Jacob, la Tribu, d'où il devoit naître ; Zacharie décrit le genre de son supplice ; David, l'étenduë, la majesté, la durée de son Régne ; Isaïe fait toute son Histoire. Ce grand Prophete, ou si je l'ose dire, cet Evangéliste de l'Ancien Testament prédit la naissance de Jesus Christ d'une Vierge ; son Incarnation, dans le nom mystérieux d'Emanuel ; la nature de la Doctrine, qu'il devoit prêcher, & des Miracles, dont il devoit la soûtenir ; l'incrédulité des Juifs ; la foi des Gentils ; la force & la plénitude de l'Esprit, qu'il devoit recevoir, la foiblesse & la bassesse extérieure de sa Personne ; la pureté de sa Vie, & la grandeur de sa Patience ; la cause & l'efficace de son Sacrifice ; l'infamie & les tourmens de sa Mort ; l'honneur de sa Sépulture ; la gloire de sa Résurrection ; l'éternité de son Régne : Et ce qui renferme presque toute l'Economie du Fils de Dieu, il prédit les miracles de sa vie, la sagesse de sa Doctrine, la Divinité de sa Personne, les biens éternels de son Régne, dans ces titres augustes, qui font le digne éloge du Fils de Dieu : On l'appellera, l'Admirable, le Conseiller, le Dieu fort & puissant, le Pere de l'éternité, le Prince de Paix.

Comment est-ce, MES FRERES, que l'Esprit de l'homme a pû voir, de si loin, ces Mystéres sublimes, que leur propre grandeur ne lui cachoient pas moins que leur éloignement, qui, depuis leur manifestation, surpassent ses lumié-

D

res, & prefque fa foi ? Comment l'efprit humain a-t-il pû découvrir ces fecrets de Dieu, & les voir fi diftinctement au
travers de plufieurs fiécles, lui, qui ne peut voir, dans l'avenir, les confeils des hommes ? Il faut reconnoître ici les lumiéres de l'Efprit infini, qui ont éclairé les Prophetes. Dieu
feul a pû connoître ces grands deffeins, comme lui feul a pû
les former.

Mais il ne s'eft pas contenté de la voix des hommes pour
confirmer la Miffion de Jefus Chrift. Il a voulu la publier
lui-même, & confacrer en perfonne le Rédempteur, qu'il
nous avoit promis, honneur, dont le Fils feul étoit digne.
Permettez-moi, MES FRERES, d'attacher pour un moment
vôtre attention fur ce grand événement, & d'en marquer les
circonftances. Ce fut l'augufte cérémonie de la Miffion du
Seigneur, & le facre du Roi de gloire ; l'appareil n'en fçauroit être plus fimple, ni plus grand & plus magnifique tout
enfemble.

Jefus fortant de l'eau, où il étoit defcendu pour fantifier
le Baptême ; dans l'ardeur d'une priére toute pure ; l'Eglife
univerfelle prefente en quelque forte, S. Jean Baptifte, pour
les anciens Fidelles, lui, qui ne pût voir l'accompliffement
de la Rédemption ; les Apôtres, pour les Fidelles de la Nouvelle Alliance ; le Ciel ouvert, comme pour appeller les Anges à un fi grand fpectacle, ou plûtôt, pour apprendre aux
hommes, que celui, qui alloit être confacré, devant eux étoit
defcendu du Ciel, & devoit l'ouvrir aux Saints ; le S. Efprit,
repofant fur Jefus Chrift fous une forme vifible, afin qu'on
pût voir, où il habitoit, & diftinguer le Chrift de fon Pré-
curfeur ; les Cieux & la Terre dans le filence & dans l'admiration, & Jefus Chrift lui-même dans le refpect, on ouït Dieu
le Pere prononcer cet Oracle, témoin de la gloire & de l'autorité du Seigneur. Celui-ci, dit-il, celui fur qui vous voyez

le Symbole de mon Esprit, ce Ministre de ma grace, n'est pas quelqu'un de mes serviteurs, comme les Prophetes, qui l'ont précédé ; c'est mon Fils, mon propre Fils, mon Fils unique, mon Fils bien aimé, Titre, que mes Anges même n'ont jamais porté ; c'est en lui seul, que j'ai trouvé l'accomplissement de ma volonté, & que vous trouverez celui de vôtre salut ; croyez sa parole, il est la verité même ; obéïssez à ses Loix, il exerce mon autorité ; en un mot, Ecoutez-le.

C'est ainsi, MES FRERES, que le Pere envoye son Fils, & c'est ainsi même qu'il devoit être envoyé. Il étoit de la dignité du Fils unique que le Pere en personne approuvât sa Mission, & qu'il la déclarât au monde. J'avouë que le témoignage de la Nature est fort glorieux à Jesus Christ, & qu'il est bien grand & bien digne de lui que les Cieux & la Terre publient sa gloire, de cette même voix, qui annonce celle du Pere. Mais on ose dire, qu'il auroit manqué quelque chose à cette gloire du Fils de Dieu, si le Pere lui-même n'avoit publié la grandeur de sa personne & de son autorité. Ainsi comme on a vû le Fils, à la tête de toutes les Créatures, dont il est le Premier-né, c'est à dire, l'Héritier & le Maître, rendre hommage à son Pere, annoncer ses perfections & ses bien-faits, éclaircir & confirmer le témoignage, que le Monde lui rend. De même on a vû le Pere, à son tour, sortir, pour ainsi dire, de la lumiére inaccessible, où il habite, presenter lui-même son Fils au monde, déclarer de sa propre bouche l'autorité, dont il l'a revêtu, éclaircir & confirmer le témoignage, que les Créatures lui rendent, & mettre son cachet sur ces lettres de créance, que l'Univers lui donne.

Considérez, MES FRERES, ce concert de témoignages du Pere & du Fils. S'il est fort glorieux au Rédempteur, que

Dieu nous a donné, il ne l'eſt pas moins à la Religion, qu'il nous a enſeignée. L'éclat, qui environne ſon Auteur, ſe répand ſur elle, & plus la Divinité de Jeſus Chriſt a d'évidence, plus celle de ſa Doctrine a de certitude. Quelles lumiéres & quel triomphe pour la foi, que d'avoir le Pere pour Docteur, lors qu'il faut connoître le Fils, & le Fils pour Maître, lors qu'il faut connoître le Pere ! Que les perfections & la volonté de Dieu ont d'évidence & de force, quand elles ſont enſeignées par le Fils ! Que l'autorité du Fils eſt bien établie, quand elle eſt confirmée par le Pere ! De tous côtez c'eſt la Verité même, qui rend témoignage à la Verité, c'eſt Dieu, qui nous conduit à Dieu. Eſprit de deſobéiſſance ou d'erreur, égaremens d'une ame incrédule, révolte d'un cœur endurci, ceſſez pour jamais à la vûë d'une autorité ſi grande & ſi certaine. L'Impie peut-il refuſer de connoître & de ſervir un Dieu, que le Fils de Dieu même lui enſeigne, & qu'il ſert avec lui ? l'Incrédule peut-il refuſer d'écouter Jeſus Chriſt & de lui obéïr, lors que Dieu même lui remet ſon autorité, & qu'il commande qu'on l'écoute?

Faut-il néanmoins encore quelque preuve de la Miſſion de Jeſus Chriſt. En voici. Pour être aſſuré, que c'eſt Dieu, qui l'a envoyé au Monde, il ne faut que voir Dieu le rappeller à lui, & le rappeller même par des degrez, qui ont du rapport à ceux de ſon avénement, afin qu'on reconnût par tout la même ſageſſe & la même autorité : Car comme Dieu l'avoit envoyé par une naiſſance miraculeuſe, par la deſcente de la Divinité ſur la Terre, c'eſt ainſi que l'Ecriture appelle l'Incarnation, & par l'effuſion du S. Eſprit ſur ſa Perſonne ; De même il le rappelle par la réſurrection des morts, par l'élévation de la Nature humaine au Ciel, & ce qui eſt le comble de ſon exaltation, il lui donne le pouvoir de répandre le S. Eſprit. Or qui peut douter que cette Réſurrection, cette Aſſenſion, ce pouvoir de donner le Saint Esprit, ce retour glorieux de Jesus Christ à son Pere, ne soit une preuve invincible de sa Mission ? Et il ne faut point, que l'Incrédulité prétende renverser cette preuve en niant la Résurrection de Jesus Christ, qui en est le fondement. Ce grand événement est appuyé sur deux témoignage ; l'un & l'autre impossible à détruire. Le premier est celui des Apôtres, & le second, celui du S. Esprit lui-même.

A l'égard des Apôtres, la pureté de leurs mœurs a fait voir qu'ils étoient incorruptibles ; la constance de leur foi, qu'ils étoient convaincus de la verité ; la grandeur de leur incrédulité, qu'ils n'étoient ni prévenus pour leur Maître, ni faciles à persuader ; leur attention & leur examen, qu'il est impossible, qu'ils ayent été trompez, & l'on ose assurer, que la Résurrection de Jesus Christ a beaucoup moins d'incroyable, que cette pensée. Ces quatre caractéres rendent le témoignage des Apôtres invincible. Mais quand il seroit possible de l'affoiblir, il faut au moins céder au témoignage du S. Esprit, qui en descendant sur les Disciples du Seigneur, aprés sa résurrection, en seella pour jamais la verité.

Car enfin, qu'un homme, qui va mourir ait la confiance de promettre à ses Disciples un Esprit divin, & le pouvoir de le leur donner aprés sa mort ; que des langues de feu, se posant sur eux, ils parlent dans un moment des langues, qui leur étoient inconnuës ; que le miracle soit aussi public, qu'il est grand ; qu'il arrive à Jerusalem, lors que les Juifs y sont assemblez de toutes parts, pour célébrer une de leurs fêtes, afin que la Résurrection de Jesus Christ ait autant de témoins que sa mort ; qu'on voye revivre dans les Apôtres, animez de l'Esprit du Seigneur, la doctrine, la vertu, l'autorité, qu'on croyoit avoir éteintes dans leur Maître ; que la sagesse du monde soit confonduë par la leur, la violence & la tyrannie vaincuës par leur patience, les maladies, les Démons & la mort, forcez par leur pouvoir, le monde converti par leurs miracles, & par leur Doctrine ; que ces dons éclatans, qu'ils ont reçû de Dieu, ſe communiquent avec la foi de Jeſus Chriſt; qu'ils paſſent dans les fidelles par l'impoſition des mains des Apôtres, & que l'Egliſe inondée, pour ainſi dire, des graces du S. Eſprit, étonne le monde, autant par la force & la pureté de ſes vertus, que par l'éclat & le nombre de ſes miracles, c'eſt-là ce qui forme une démonſtration ſi évidente de la Réſurrection de Jeſus Chriſt qu'on peut douter, ſi la preſence de ſon Corps glorieux & immortel la prouveroit mieux aux ſens, que la preſence de ſon Eſprit dans l'Egliſe ne la prouve à la foi.

Il faut donc conclurre que Jeſus Chriſt eſt l'Envoyé de Dieu, & qu'on trouve, dans ſa perſonne, tous les caractéres d'un Miniſtre Divin, & même tous ceux d'une Perſonne Divine. Il ne faut plus que faire voir que c'eſt dans ſa connoiſſance & dans celle d'un ſeul Dieu que conſiſte la vie éternelle. C'eſt mon ſecond point.

II.
PARTIE.

ARTICLE
I.

A Parler en général, la connoiſſance de Dieu n'eſt ici proprement que la foi, ou s'il y a de la différence entre ces deux choſes, c'eſt que la foi ſuppoſe quelque obſcurité dans ſon objet, au lieu que la connoiſſance y ſuppoſe de l'évidence. La foi n'eſt proprement que pour les veritez cachées, la connoiſſance, que pour les veritez évidentes, & comme l'exiſtence & les perfections de Dieu, la Perſonne & le Miniſtére de Jeſus Chriſt tiennent de ces caractéres oppoſez, l'Ecriture dit également, qu'on les croit, & qu'on les connoît. On les croit, à cauſe des ténébres, qu'il a plû à Dieu de laiſſer ſur ces grandes veritez ; on les connoît à cauſe de l'évidence qu'elles conſervent. Car on peut dire de ces deux principes de la Religion, ce qu'un Ancien Docteur a dit de Dieu ſeul. Il eſt trop

Tertullien.

grand pour être connu ; il eſt trop grand pour être ignoré ; la force de ſa propre grandeur ſert tout à la fois à le faire voir & à le cacher.

Mais ſans nous arrêter davantage à ces diſtinctions , auſquelles Jeſus Chriſt n'a point d'égard, il ſuffit de dire en général que cette connoiſſance de Dieu ſe confond avec la foi, & pour en expliquer la nature je remarque qu'elle doit avoir trois caractéres. Elle doit être veritable & pure dans ſes idées, conſtante & certaine dans ſes jugemens , ſainte dans ſes effets. Au premier égard, elle eſt oppoſée à l'erreur ; au ſecond, elle l'eſt aux doutes & à l'incrédulité ; au troiſiéme, elle l'eſt aux déréglemens de la vie. Ces qualitez ſont eſſencielles à la connoiſſance ſalutaire, & l'on ne peut les en ſéparer ſans la rendre imparfaite, & inutile. C'eſt ce qu'il faut expliquer.

Je dis donc premiérement, que cette connoiſſance doit être pure & veritable, parce que ce n'eſt pas connoître Dieu ou Jeſus Chriſt, que d'en avoir des idées fauſſes, contraires à leur nature ou à leurs perfections. L'objet de la foi c'eſt la verité, quand la foi perd cet objet, & qu'elle embraſſe l'erreur, elle n'eſt plus la Foi ſalutaire. C'eſt pour cela que les Idolâtres, qui mêloient avec la connoiſſance de la Divinité des erreurs déteſtables ſur ſa nature, étoient ſans Dieu au monde, au jugement de Saint Paul ; & que les Hérétiques, qui confondoient, avec la foi d'un Jeſus Chriſt des ſentimens pernicieux ſur ſa perſonne, ou ſur ſa doctrine , étoient hors de l'Egliſe, ou du corps du Seigneur, au jugement de S. Jean. La raiſon en eſt évidente. Ce Dieu que l'Idolâtre adore, ce Jeſus Chriſt que l'Hérétique confeſſe , ne ſont qu'un faux Dieu & un faux Jeſus Chriſt, & quand le vrai Dieu ne puniroit pas en eux des erreurs ſi condamnables, de quelle utilité pourroit être pour leur ſalut, une Religion, dont les ob-

jets ne font dans le fonds que des illufions de leur Efprit ? Il
faut que leur culte foit auffi vain que la Divinité, qu'ils fervent, & qu'une fauffe efpérance foit la peine d'une fauffe Religion.

Il eft jufte pourtant, MES FRERES, que la prudence &
la charité donnent ici des bornes à nos jugemens , & qu'elles nous empêchent de confondre les erreurs innocentes ou
legéres avec les erreurs funeftes. Tous les égaremens de l'Efprit ne font pas également dangereux, & pour être privé de
la vie éternelle ce n'eft pas affez d'être dans quelque erreur.
Il faut rejetter formellement quelqu'une de ces veritez fondamentales, que Dieu nous a révélées dans une grande évidence, qui font effencielles à l'honneur & à l'obéïffance, qui
lui appartiennent, & qu'on ne peut nier fans détruire évidemment, ou la nature de la Religion, ou la nature de fon objet.

Le fecond caraétére de la connoiffance falutaire, c'eft la certitude. Je veux dire, que la verité, doit être imprimée dans
l'ame par la foi, & affermie contre l'inconftance, les doutes,
les illufions, qui fe joüent d'ordinaire de l'efprit humain &
de fes jugemens. Une perfuafion legére & douteufe des veritez, que Dieu a révélées, eft injurieufe à fon autorité, elle
l'accufe d'erreur ou de menfonge, & loin qu'elle puiffe donner à l'homme du repos & de la vertu, elle eft elle-même
criminelle, & toûjours pleine d'inquiétude. Car comment
eft-ce, qu'une verité, qui flote, pour ainfi dire, dans un efprit agité de doutes, où elle n'a aucune fituation certaine,
feroit capable de lui donner de la tranquillité, de l'affermir
dans les tentations, & de le porter à une vertu difficile, fi elle
eft elle-même le joüet des opinions d'un efprit aveugle & le-
ger ? Il faut qu'elle s'évanoüiffe aux moindres efforts de l'erreur, & qu'elle laiffe l'ame en proye aux illufions du menfonge & du péché.

C'eft

C'eft auffi pour cela que l'Ecriture preffe avec tant de force la néceffité de la foi, Cette vertu eft le feul fondement de
la piété , & l'édifice fpirituel de nôtre fantification, pour
fuivre les idées de l'Evangile, ne peut avoir d'élévation ni de
folidité, qu'à proportion, que la foi, qui le foûtient, a de
force & de profondeur. Quand elle eft foible, le fidelle eft
toûjours vaincu ; mais quand elle eft bien affermie fur l'autorité de Dieu, il eft invincible. Elle lui donne toute cette
force, & cette grandeur d'ame, que l'on admire dans les
grands hommes du Paganifme, fans lui donner leur orgueil;
elle égale toute la hardieffe & tous les efforts de la vertu humaine, fans en avoir la témérité, & fans être foûtenuë, comme elle des paffions, dont elle eft l'ouvrage.

Ce ne font point, MES FRERES, de vaines loüanges
que je donne à la foi, & l'expreffion eft peut-être encore au
deffous de la verité.   Combien de fois a-t-on vû des ames,
naturellement timides, qui n'avoient que peu de connoiffance, avec beaucoup de certitude, réfifter à tous les artifices
du menfonge, & à toute la violence des tourmens. Origene
l'a remarqué. On voyoit de fimples fidelles, qui ne fçavoient
que les principes de la Religion, foûtenir fans s'ébranler les
plus grandes tentations ; conferver leur efpérance & leur foi
dans la perte de toutes chofes ; perfévérer, jufques à la mort,
dans une vertu pure, & dans une patience invincible, & égaler enfin, cette piété conftante & fublime des Héros des premiers temps, dont S. Paul a fait l'éloge dans l'Epitre aux He-
breux, pour faire celui de la Foi.

Cette piété dont je parle, & qui eft le fruit de la foi, eft
la derniére condition de la connoiffance falutaire. L'Ecriture, qui comprend fous la connoiffance de Dieu, par rapport
aux hommes, l'amour qu'il a pour eux, comprend de même
me dans la connoiffance du fidelle par rapport à Dieu, l'a-

E

mour qui lui eſt dû. Elle dit qu'on ne le connoît pas, quand on ne le ſert point, ou qu'on le connoît, quand on l'aime.

Ce langage de l'Ecriture eſt fondé ſur le deſſein de la Religion, & ſur la nature de ſon objet. Le deſſein de la Religion n'eſt pas de contenter la curioſité de nôtre eſprit, en lui faiſant connoître Dieu. Elle veut rendre l'homme plus ſage, plus juſte, & plus heureux ; C'eſt où tendent toutes ſes Loix, & tous ſes Myſtéres, & ceux-là même, qui ſemblent avoir moins de rapport à ce but, ne ſont que des voyes plus cachées d'y conduire l'eſprit. C'eſt pourquoi S. Paul dit des plus grands Myſtéres de la Religion, que ce ſont les Myſtéres de la Piété.

Mais outre cela, les objets de la Religion ont une efficace naturelle, qui viênt de leur excellence & de leur grandeur, & qui porte la piété dans l'ame, où ils ſont reçûs. Ce qui faiſoit dire fort juſtement à l'un de ces Anciens Défenſeurs de la Doctrine Chrêtienne, que la Religion & la ſageſſe, c'eſt à dire, la connoiſſance & le ſervice de Dieu, ne pouvoient être ſéparez, parce que le même Dieu, que la ſageſſe nous fait connoître, eſt celui que la Religion doit adorer. Et certes il eſt impoſſible de ſéparer ces deux choſes ; la Nature de Dieu ne peut le permettre, & quand il eſt bien connu de l'eſprit, il s'en fait adorer par une impreſſion néceſſaire & invincible. Comment eſt-ce, MES FRERES, qu'un homme raiſonnable peut être bien perſuadé de l'exiſtence de Dieu, de ſa puiſſance, de ſa juſtice, de ſa ſageſſe, ſans le craindre, & ſans le ſervir, ſans tomber à ſes pieds à la vûë de ſa grandeur, ſans trembler à la vûë de ſes jugemens ? Comment peut-on croire, qu'il a livré ſon Fils, pour des pécheurs, & racheté le monde par un Prix, que le Monde même ne ſçauroit égaler, ſans être touché d'une reconnoiſſance infinie ? Comment peut-on voir Jeſus Chriſt ce Fils de Dieu,

voyez Jean
8. v. 55.
1. Jean 2.
3. 4.

Lactance.

exercer fur la terre l'autorité de fon Pere ; enfeigner la vertu dans une pureté, qu'on n'avoit point encore ouïe, & foûtenir fes préceptes par des exemples, qui en égalent toute la
perfection ; confirmer fa Doctrine par fon propre fang auffi
bien que par fes miracles ; juftifier par fa mort les menaces,
qu'il fait aux pécheurs , & par fa Réfurrection, les efpérances, qu'il donne aux juftes ; promettre le Ciel, & y monter
le premier à la vûë de fes Difciples ; en un mot, vérifier en
foi-même toute fa Doctrine, la néceffité de la vertu par fon
obéïffance, & la verité des peines, ou des récompenfes, par
la mort, qu'il a foufferte, ou par la gloire, où il eft monté;
Comment, dis-je, peut-on connoître toutes ces grandes veritez, & en être perfuadé , fans qu'elles rempliffent l'ame des
vertus, que la Religion exige d'elle.

J'avouë, MES FRERES, que fi la connoiffance du fidelle étoit fuperficielle & douteufe, elle pourroit être fans vertu ; mais elle eft profonde & certaine , il faut qu'elle foit
efficace.

La connoiffance de Dieu & de Jefus Chrift, que la foi nous
donne, eft fi vive & fi claire, qu'elle eft comme une prefence de ces grands objets dans l'efprit , & qu'elle doit faire en
nous tous les changemens, qu'une prefence vifible feroit capable d'y caufer. La foi, felon les expreffions de l'Ecriture,
eft une démonftration des chofes, que l'on ne voit point, &
une fubfiftance de celles, que l'on efpére. Elle les prefente à
l'ame d'une maniére fi évidente, & fi certaine, que c'eft voir
l'invifible, & le contempler à face découverte. Or que ne
peut point dans la confcience de l'homme une femblable prefence de Dieu ?

Que le Seigneur fe léve, difoit le Prophete, & fes Ennemis
feront difperfez ; il les chaffera, comme la fumée eft chaffée
par le vent ; ils fe fondront en fa prefence, comme la cire

fe fond devant le feu. Mais que le Seigneur paroiffe dans la confcience, qu'il y répande par fon Efprit cette lumiére de fa gloire, qui eft dans la face de Jefus Chrift ; qu'il y laiffe voir cette Majefté redoutable, que les abîmes n'ont pû voir fans trembler jufqu'au fonds ; qu'il y faffe entendre fes Loix, fes jugemens, fes promeffes, fes bien-faits ; Et l'on verra, dans un moment, fes Ennemis fe confondre & s'anéantir; toutes ces penfées & ces affections, qui font la guerre à l'ame & à Dieu, s'évanouïr en fa prefence ; les vertus naître & s'élever de tous côtez, fous les regards de Dieu, qui en eft le Pere & l'Auteur, & l'ame enfin le voyant en partie tel, qu'il eft, commencer de même à devenir femblable à lui, jufques à ce qu'elle foit parfaitement transformée dans l'image, qu'elle contemple.

C'eft donc ainfi, MES FRERES, que la connoiffance de Dieu eft le principe naturel & néceffaire de la piété, & c'eft ce qui oblige Jefus Chrift à les comprendre ici l'une & l'autre fous le feul mot de connoître Dieu.

Mais que l'expérience nous oppofe ici une grande difficulté ! Il n'y a rien de plus ordinaire, que de voir les hommes unir, dans un même efprit, la foi d'un Dieu & d'un Rédempteur, avec des mœurs déréglées, des idées trés-pures & trés-élevées avec des attachemens trés-bas & trés-corrompus. On entend quelquefois les hommes difcourir de la vertu, d'une maniére, qui ravit, & qui furprend, & parler de Dieu & de leurs devoirs avec tant de fageffe, qu'il femble, que les Anges même n'en fçauroient mieux parler. Mais tout d'un coup, oubliant leurs difcours & leurs maximes, on diroit, qu'ils ne connoiffent plus ni Dieu, ni leurs devoirs, & on les voit égaler dans leurs actions tout ce que le malin efprit a de plus méchant, & de plus déteftable.

D'où peut venir un defordre fi prodigieux ? La Religion

eſt-elle en effet trop foible pour changer le cœur, ou le poids des biens du monde, eſt-il trop grand, pour être emporté par celui des biens à venir. Non, MES FRERES, la Religion ne manque ni de force ni de verité ; l'incrédulité de l'homme, eſt la vraye cauſe de ſon endurciſſement. Reconnoiſſons ici toute la grandeur de nôtre corruption, & ne pouvant juſtifier nos mœurs, juſtifions du moins la Religion, qu'elles accuſent.

Dans les premiers temps du Chriſtianiſme, dans ces temps heureux, où la connoiſſance de Jeſus Chriſt s'établiſſoit par tout, les Chrêtiens prouvoient aux infidelles la verité de la Religion, par la force qu'elle avoit de changer les cœurs, & de dompter les plus violentes paſſions. Pourquoi faut-il que l'incrédule combatte à ſon tour cette verité, par un ſemblable raiſonnement, & que dans nôtre ſiécle, il accuſe la Religion de foibleſſe & d'impoſture, parce que les paſſions triomphent d'elle ? Les premiers Chrêtiens donnoient des armes à la verité par leur vertu, nous en donnons à l'incrédulité par nos crimes. Ecoutez, à la gloire de la Religion, & à la honte de ceux, qui font profeſſion de la ſuivre, les Diſcours de ces Anciens Diſciples du Seigneur.

Donnez-moi, diſoit l'un d'entre eux, oppoſant la foibleſ- Lactance.
ſe de la Philoſophie à la force de la parole de Dieu ; Donnez-moi un homme emporté juſqu'à la fureur, & avec peu de paroles divines, je le rendrai doux comme un Agneau. Donnez-moi un Avare, & il répandra tous ſes treſors à pleines mains. Donnez-moi un homme timide & ſenſible à la douleur, & il ira mépriſer les plus redoutables tourmens. Donnez-moi un débauché, & dans le moment, il deviendra ſobre & continent. Donnez-moi un homme cruel & ſanguinaire, & toute ſa fureur va ſe changer en clémence. Telle eſt, ajoûte le Docteur Chrêtien, telle eſt la force de la ſageſ-

fe Divine. Dés qu'elle eft entrée dans l'efprit de l'homme, elle en bannit auffi-tôt l'erreur, & tous les vices, dont l'erreur eft la Mere.

C'eft-là, MES FRERES, le langage des Anciens Fidelles. C'eft ainfi, que la Religion triomphoit de l'erreur & du péché, & que la connoiffance du vrai Dieu, accompagnée de celle de Jefus Chrift, ne laiffoit dans les ames ni ténébres ni déréglement. Et ne croyez pas, qu'il n'y ait eu que les Chrêtiens, intéreffez à vanter leur Religion, qui ayent admiré cette efficace divine ; Les Payens eux-mêmes en ont été furpris, & ne voulant pas reconnoître la vertu de Dieu dans ces changemens fi grands & fi prompts, ils accufoient les Chrêtiens de gagner les hommes par des fuperftitions de Magie, ce qui fit dire dans la fuite à S. Chryfoftome, que les charmes, dont les Chrêtiens fe fervoient, n'étoient que la Croix & le Nom de Jefus.

V. Origene
cont. Celfus.

Ce n'eft donc pas à la foibleffe de la verité, qu'on doit attribuer les vices d'un homme, qui la connoît. C'eft à la foibleffe de fa connoiffance. Quoi qu'il paroiffe fidelle, éclairé ; il y a de l'ignorance dans fa connoiffance, & de l'incrédulité dans fa foi. Un pécheur, qui viole conftamment la Loi de Dieu, quoi qu'il puiffe protefter, ne la croit pas veritable. Il fait contre elle, en fecret, mille raifonnemens confus, qu'on ne fçauroit bien déveloper. Il apporte mille exceptions à fa verité, ou à fon étenduë. S'il n'eft pas incrédule, il eft prêt de le devenir, & s'il ne croit pas que l'Evangile eft faux, il n'en connoît bien ni l'excellence ni la certitude.

D'ailleurs le Monde, qui remplit un pécheur de ce caractére, l'occupe tout entier. Il ne laiffe, dans fon efprit ni dans fon cœur, aucune place aux objets de la Religion, & ne s'arrêtant jamais à les confidérer, ce pécheur tombe à leur égard dans une efpéce d'ignorance volontaire, qui n'eft qu'un défaut d'attention. Si la Prédication de l'Evangile, ou la lecture de l'Ecriture fainte, prefentent quelquefois ces objets à fa penfée, il en perd auffi-tôt la vûë & le fouvenir. Il n'a pas la force d'y attacher fes réflexions, pour en comprendre le prix infini, & pour fe remplir de l'efpérance & du defir de les poffédér, de forte qu'ils ne peuvent faire fur lui que des impreffions legéres, que le monde efface dans un moment.

Ainfi la connoiffance d'un pécheur endurci n'eft qu'un mêlange de lumiéres & de ténébres, de foi & d'incrédulité; qu'une illufion d'une confcience timide & criminelle. Il regarde quelquefois les objets de la Religion, pour fe flâter de quelque efpérance de falut, mais il en détourne auffi-tôt les yeux, parce que leur vûë trouble fon repos & fes plaifirs. Il veut les découvrir, pour fe donner un repos funefte. Il en éloigne la vûë, pour s'abandonner au péché fans de grandes difficultez; De forte que les voyant quelquefois, & les perdant auffi-tôt de vûë par des intérêts oppofez, attentif pour un moment à leur lumiére, & détourné dans un autre moment par l'effort de fon penchant, il nous fait voir cette connoiffance imparfaite, fuperficielle, incapable de changer le cœur, qui loin de donner aucun droit à la vie éternelle, ne fert qu'à rendre le péché plus grand & la peine plus rigoureufe.

J E m'étends beaucoup, MES FRERES, fur la connoiffance de Dieu, parce qu'il eft important d'en bien examiner la nature & les caractéres. Il faut faire voir maintenant, que la vie éternelle confifte dans cette connoiffance, c'eft à dire que cette connoiffance eft le moyen infaillible & néceffaire d'obtenir le fouverain bien. Car c'eft-là la penfée du Seigneur. Il

II.
PARTIE.

ARTICLE
II.

n'a pas prétendu expliquer la nature de la vie éternelle, il a voulu feulement en marquer les conditions, c'eft à dire, les devoirs, que Dieu exige des hommes pour la leur donner; c'eft là vifiblement la penfée de Jefus Chrift.

Pour en établir la verité, il faut fuppofer ce que le Seigneur a fuppofé lui-même, c'eft qu'il y a une vie éternelle. Dieu, qui a créé une ame immortelle, a fans doute ordonné des moyens de lui procurer un bonheur éternel. Ce deffein paroît lié parfaitement avec les perfections de Dieu, & avec la nature de l'ame même. Pourquoi un Etre infiniment fage & bon auroit-il créé des Etres immortels avec des defirs invincibles d'être heureux, s'il ne leur avoit donné des moyens de le devenir? Je cherche donc quels font ces moyens. L'Evangile nous apprend que c'eft la connoiffance de Dieu & de Jefus Chrift, je dis cette connoiffance, que S. Paul appelle, felon la piété, qui renferme la foi & l'obéïffance, en un mot, celle que j'ai taché de décrire. C'eft ce qui eft répandu dans toute l'Ecriture; ce que Jefus Chrift a enfeigné. Le Maître lui-même l'a dit, l'on n'en peut douter.

Suppofons néanmoins qu'on le puiffe; l'autorité de Jefus Chrift aura bien-tôt diffipé ces doutes, & raffuré nôtre foi. Ce Maître, MES FRERES, ce Légiflateur, qui nous parle d'une vie éternelle, & qui veut nous porter à l'obfervation de fes Loix par de fi hautes efpérances, qui eft-il? Eft-ce quelqu'un de ces Philofophes, qu'on a ouïs difcourir dans les Ecoles du fouverain bien & donner des préceptes pour l'aquérir? Non, ces grands hommes, n'ont eu, ni affez de lumiére, pour connoître le veritable bonheur de l'homme, ni affez d'autorité pour le promettre, & leur propre mifére a fait voir, dans leur perfonne, la vanité de leurs raifonnemens. Il y auroit de la témérité à efpérer, de leur fageffe, un bien qu'elle n'a pû leur procurer. Il y en auroit même à

l'efpérer

l'efpérer de Jefus Chrift, fi l'on trouvoit en lui, les défauts des Philofophes, ou plûtôt, fi l'on n'y trouvoit pas des perfections oppofées. Mais on y rencontre, une fageffe profonde, qui a découvert la nature du fouverain bien, que l'homme cherche ; une autorité fouveraine qui foûtient dignement toute la grandeur des efpérances, qu'il donne ; un exemple éclatant, qui fert de preuve à la feureté de fes préceptes. Raffemblez, MES FRERES, ces trois caractéres qui font en Jefus Chrift, & voyez comment tout ce qu'il y a de grand & de merveilleux dans fa Doctrine eft foûtenu par les qualitez divines de fa Perfonne.

Premiérement, c'eft un Légiflateur, defcendu du Ciel, qui exerce le pouvoir de Dieu, qui eft plein de fon Efprit, a qui la nature même eft foûmife, qui mérite toute la confiance des hommes par fes vertus, & toute leur obéïffance par fon autorité. Rappellez dans ce moment toutes ces preuves de la Miffion de Jefus Chrift que je vous ai rapportées, & vous jugerez vous-même, qu'il y auroit non feulement de l'endurciffement & du crime, mais de la folie, à lui refufer fa foi.

Secondement, c'eft un Légiflateur, qui feul a bien connu le fouverain bien de l'homme. Au lieu de le chercher dans le repos de l'ame, établi fur la force de la raifon, & fur l'extinction des paffions ; dans les connoiffances de l'efprit, dans l'ufage des plaifirs, ou dans ces autres biens, imaginaires ou criminels, où les hommes l'ont cherché vainement, Jefus Chrift s'eft élevé au deffus de la vie prefente, & des chofes qui périffent, pour trouver le fouverain bien, dans une vie à venir, & dans une vie éternelle, qui a feule du rapport avec un Efprit immortel.

Enfin c'eft un Légiflateur, qui a juftifié par fon exemple, la certitude de fes préceptes, & diffipé tout ce que la grandeur de fes promeffes, leur donnoit d'incroyable. Une vie éternelle charme le cœur de l'homme, mais elle excite fa défiance ; plus elle égale tous fes defirs, plus elle furpaffe toutes fes efpérances , & pour lui en perfuader la verité , il ne falloit pas moins, que lui en donner un exemple. C'eft ce que Jefus Chrift feul a fait. Il a manifefté le chemin des lieux faints, en y montant le premier ; La vie & l'immortalité, fi obfcures d'elles-mêmes, ont été mifes en lumiére, par l'Evangile, & par la Réfurrection du Seigneur.

Que ces caractéres font beaux, qu'ils font différens de ceux des Philofophes , qu'ils donnent d'évidence & de certitude aux paroles de Jefus Chrift ! Qui croirai-je fur les devoirs de la Religion, & fur les biens, qu'elle promet, fi ce n'eft ce Légiflateur, qui ayant toute l'autorité de Dieu, doit en avoir toute la fageffe ? Qui croirai-je fur la nature du fouverain bien, fi ce n'eft ce même Légiflateur, qui feul l'a bien démêlé, dans la nature de l'ame, de fa foibleffe, & de fes defirs ? Qui croirai-je enfin, fur les moyens de l'obtenir, que ce Légiflateur, qui eft monté au Ciel, qui poffére le fouverain bien, & qui a fait voir dans fa perfonne, qu'il fçavoit les voyes infaillibles d'y parvenir.

Mais quoique l'autorité de Jefus Chrift foit la preuve invincible de la verité, & qu'il n'y ait rien, qui puiffe en affoiblir ou en égaler la certitude, ne laiffons pas de regarder cette même verité par tous les côtez , où elle peut être confidérée.

Dieu veut donner à l'homme une vie éternelle ; je l'ai déja dit. Il n'y a rien de plus digne de fes perfections, de la nature de l'ame, & même du facrifice du Fils Unique. L'abaiffement & les fouffrances d'une Perfonne infinie font d'un fi grand Prix, qu'il eft impoffible que Dieu les eut ordonnées pour aquérir des biens périffables.

Mais l'homme étant un Etre intelligent & libre il ne doit posséder le bonheur, que Jesus Christ lui a mérité, que sous quelques conditions. Qu'on les cherche, ces conditions, dans le Monde, qui est le premier Maître, que Dieu nous a donné pour nous instruire, dans le cœur de l'homme, & dans les perfections de Dieu, & l'on verra qu'il n'y en a point d'autre que celles, que Jesus Christ nous a proposées, & que toutes nos lumiéres conspirent avec lui à nous persuader, qu'il faut connoître un seul Dieu pour être heureux.

Si l'on jette les yeux sur le monde, on ne peut douter, que le dessein du Créateur n'ait été de se faire connoître. D'un côté il a rempli l'Univers des caractéres de ses perfections, & de l'autre, il a mis dans l'ame une idée de l'Etre infini, si propre & si commune à la nature humaine, qu'elle semble née avec nous, ou du moins, tellement unie avec les principes de la raison, que l'esprit la découvre, dés qu'il fait réflexion sur lui-même, & sur la Nature.

D'où vient cet ordre de la Providence ? Pourquoi ces lumiéres dans le monde, ces idées dans l'esprit de l'homme? Faut-il y penser un moment, pour appercevoir le dessein de Dieu ? Quand on voit, que la Nature a donné des yeux aux animaux, & qu'elle leur presente des objets, il n'y a personne qui ne juge, que le dessein de la Nature a été de les faire voir. Voici la même disposition : des yeux, dans une intelligence éclairée, des objets, dans les perfections de Dieu; & l'on ne sçauroit douter, que l'Auteur de cette disposition, n'ait voulu se faire connoître à l'homme. D'où il paroît, que c'est un grand déréglement à une Créature raisonnable, que de méconnoître Dieu, & pour parler avec un Ancien Do- *Lactance.* cteur, ce n'est pas un moindre crime d'ignorer le Pere & le Maître de toutes choses, que de l'offenser.

Mais ce n'est pas tout. Dieu doit être adoré. Ses perfections

& fes bien-faits, méritent l'amour & l'obéïffance des hommes ; & c'eft fans doute pour cela qu'il s'eft manifefté. Sa
connoiffance doit être le principe de l'adoration, qui lui eft
dûë, & comme une lumiére dans l'efprit, pour lui découvrir la nature de la Religion, qui ne peut être légitime, fi
elle n'eft réglée fur fes perfeétions ou fur fa volonté. Qu'A-
thénes proftituë des Autels à des Dieux inconnus, & Rome à
des Dieux incertains, c'eft par une fuperftition folle & té-
méraire, également indigne de la raifon de l'homme & de la
fageffe de Dieu. La veritable Religion doit être réglée par la
connoiffance, & la veritable connoiffance doit être un principe certain & infaillible de Religion.

Remarquez bien, MES FRERES, l'enchaînure de ces
principes ; voyez la Religion fortir des fources de la Nature,
& fa néceffité fe produire par tout.

Peut-on nier que Dieu n'ait imprimé dans l'Univers des
marques de fon exiftence & de fes perfeétions, qu'en les y
mettant, il n'ait eu deffein de fe faire connoître, que cette
connoiffance n'ait eu pour but la gloire & l'adoration, qu'il
mérite ? Que l'Impie s'aveugle tant qu'il voudra, qu'il étei-
gne fes lumiéres naturelles ; il ne fçauroit nier fans extravagance ces veritez fondamentales, il ne fçauroit les approu-
ver fans en être confondu. La Religion, que Jefus Chrift a
enfeignée, s'éléve d'elle-même fur ces fondemens, que Dieu
lui a préparez dans le monde & dans la raifon, & l'on voit
toute la juftice de cette inftitution de Dieu, qui a voulu que
fa connoiffance & fon culte, fut la condition de la vie éternelle. Car qu'y a-t il de plus raifonnable, que de connoître
Dieu, qui fe montre ; de le glorifier, quand on le connoît ?
Et qu'y a-t-il de plus injufte au contraire que de l'ignorer, ou
de ne le pas fervir ?

Mais cette néceffité de connoître Dieu eft fi claire & fi naturelle, qu'il ne faut pas la chercher hors de l'homme même. Il est né pour Dieu, & la Religion trouve ses fondemens dans la nature de son ame. Il a un esprit, qui pense, & qui connoît; une volonté capable d'amour ;   l'un a été formé pour la verité, l'autre pour le bien. Et quelle est cette verité, que l'homme doit connoître ? Quel est ce bien, qu'il doit aimer, & qui peut le rendre heureux ? Cet esprit a-t-il été créé simplement pour étudier la Nature, les Sciences, les Arts, sans s'élever jusqu'à Dieu ? Cette Volonté a-t-elle été formée pour aimer les plaisirs, la gloire, les tresors ? Est-ce là sa félicité ? Que l'homme le dise lui-même, s'il a la hardiesse de l'assurer. Ah ! Dieu a créé l'homme pour lui ; Il est la premiére verité, il est le souverain bien, & c'est pour le connoître & pour l'aimer, que l'homme a été formé ; en un mot, c'est pour la Religion, que Jesus Christ a enseignée.

Mais allons plus loin encore : élevons-nous du cœur de l'homme jusques à Dieu, & reconnoissons par tout la même verité. Quel devoir un Dieu juste & sage peut-il exiger d'une Créature raisonnable, que la sagesse & la justice, ces vertus, si conformes à la nature du Législateur, aussi bien qu'à celle de l'homme ? Ecoutez la déclaration de Dieu même sur ce sujet. Que le Sage, dit-il, par la bouche de ses Prophetes, ne se glorifie point dans sa sagesse, le fort dans sa force, le riche dans ses tresors, mais que celui qui se glorifie, se glorifie en ce qu'il me connoît ; car c'est-là ce qui m'est agréable, dit l'Eternel. Oüi, MES FRERES, c'est cette connoissance seule qui peut faire la gloire d'un Esprit immortel, & plaire à un Esprit infini.

La pompe des honneurs, la vanité des sciences, la gloire du sang, l'autorité sur les peuples, l'abondance des richesses, les qualitez du corps, les dons de l'esprit, les vertus humaines, tous ces avantages de la Nature, de la fortune ou de l’éducation peuvent bien attirer l’eſtime & la faveur des hommes, & procurer, à ceux qui les poſſédent une vie glorieuſe dans le monde ; mais que leur utilité paſſe juſques dans la vie à venir, que la gloire du monde ſoit un degré pour s’élever à celle du Ciel, que Dieu couronne de la vie éternelle ces fragiles avantages, que les ſages ont eu la force de mépriſer, ou qui ne ſont de quelque prix, qu’autant qu’ils ſervent de matiére à la vertu, & de motifs à la piété, c’eſt ce qu’on ne ſçauroit accorder avec la ſageſſe de Dieu, non plus qu’avec ſes déclarations. Mais au contraire, connoître le vrai Dieu, l’adorer par un profond reſpeÂ, & par une parfaite obéïſſance, remplir ſon eſprit des lumiéres qui partent de ſa face, & ſon cœur de la ſainteté, dont il eſt la ſource, devenir ainſi en quelque ſorte la ſplendeur de ſa gloire, & le caraÂére de ſes vertus, c’eſt ce qui peut donner à l’homme un veritable prix, ce qui l’éléve à la reſſemblance de Dieu, ce qui le conduit à la vie éternelle. Elle ſe commence, elle s’achéve par là, & ces mêmes vertus, qui en ſont les premiers degrez, la conſomment toute entiére, lors qu’elles ſont parvenuës à leur perfeÂion.

Mais comme il eſt néceſſaire de connoître Dieu, pour être ſauvé, il ne faut auſſi connoître que lui, c’eſt à dire, n’attribuer qu’à lui ſeul les perfeÂions & le culte de la Divinité ; d’où il paroît qu’il n’y a point de ſalut pour les Idolâtres. Et en verité leur crime eſt ſi grand, que la juſtice de leur condamnation paroît toute viſible. L’impiété pure n’en eſt guéres plus digne, puis qu’aprés tout, c’eſt n’avoir point de Dieu que d’en avoir plus d’un, & de le concevoir avec des défauts infiniment oppoſez à ſa grandeur ou à ſa pureté. C’eſt pour cela que les Peres, lors qu’ils ont écrit contre l’Idolâtrie, l’ont appellée le principal crime du genre humain, le ſuprême attentat du ſiécle, le premier & le dernier des maux, un crime inexpiable, un péché infiniment criminel, & vraiment impie.

Quelques fortes, que foient ces paroles des Anciens, il n'y a point d'exagération, & à quelque égard, que l'on envifage l'Idolâtrie, l'atrocité en paroît extrême. Car, fi on regarde l'Objet offenfé, c'eft le premier Etre, l'Etre infini. Si on regarde la maniére, dont il eft offenfé, l'outrage va droit à lui. Il ne lui eft point fait dans quelqu'une de fes Créatures, c'eft dans fa nature même & dans fes perfections effencielles. Si l'on fait réflexion fur la grandeur de l'offenfe, elle eft au plus haut degré; l'honneur, que l'on ôte à Dieu eft le plus grand de tous; il lui appartient d'une maniére infiniment jufte & propre; on le rend aux Etres les plus indignes de le recevoir. Peut-on rien imaginer de plus criminel? De tous côtez l'Idolâtre eft dans l'excés du péché. Il dégrade le vrai Dieu, il le dépoüille de toute fa gloire, il lui attribuë les défauts des plus baffes créatures, & les vices des plus méchantes. Au contraire, il éléve de la pouffiére & du néant ces mêmes créatures pour leur donner toute la gloire du vrai Dieu; de forte qu'il fait tout à la fois, du vrai Dieu une Idole déteftable, & d'une vaine Idole le Dieu fouverain.

Mais fi l'on confidére encore combien cette erreur eft fenfible, l'Idolâtrie paroîtra un crime d'autant plus grand, qu'il femble impoffible d'y tomber, ce qui fait dire fort juftement à Tertullien, que c'eft-là l'excés du crime, de ne pas reconnoître celui, que l'on ne peut ignorer.

La Providence laiffe quelquefois aux hommes des occafions d'erreur, & elle le fait toûjours avec autant de juftice que de fageffe. Elle permet qu'il vienne de faux Chrifts, & de faux Prophetes, & qu'ils tentent la foi des hommes. Mais il n'eft point venu de faux Dieu, & il n'en peut venir. On a vû des Impofteurs imiter les caractéres d'un Miniftre divin, mais on n'a jamais vû perfonne prendre ceux de la Divinité même. L'Impofture n'a point d'artifice pour égaler ou pour imiter Dieu. L'homme, qui paroît feul orné de l'image du Créateur, la porte au milieu de tant de foibleffes, que loin d'être un piége à fa fimplicité, elle fuffit feule pour le préferver d'erreur. Un Dieu, auquel il a l'honneur de reffembler, pourroit-il être, une étoile, des métaux, de la pierre, du bois ? Il n'y a donc rien dans la nature, qu'on puiffe prendre pour Dieu, rien, qui paroiffe avoir cette fageffe infinie, qui régle le monde, cette Puiffance, qui le foûtient. Aveugle Idolâtre, contemple toutes les Créatures, & s'il m'eft permis de le dire, interroge les plus nobles & les plus Puiffantes, & leur demande, Etes-vous Dieu, ou devons-nous en fervir quelqu'autre. Il n'y en a point, qui ne réponde d'une maniére intelligible à un homme raifonnable. Non, je publie fa gloire, je ne dois pas l'ufurper ; Je fuis la lumiére, qui le montre, & la voix, qui l'enfeigne, & loin de recevoir le fervice, qui lui eft dû, je ne fuis pas moi-même digne de lui en rendre.

Il n'y a donc point de péché plus grand à tous égards, que l'Idolâtrie, & par conféquent il n'y a rien de plus jufte, que cette loi de Dieu, par laquelle il prive de la vie éternelle des Efprits ingrats, qui le méconnoiffent jufques à rapporter toute la gloire de fes bien-faits aux Idoles & aux Démons.

Le fecond devoir de l'homme eft la connoiffance de Jefus Chrift : la connoiffance d'un Dieu eft proprement la Religion de l'homme innocent ; celle que la Nature apprend à toutes les Nations, la fageffe du monde. Mais voici la Religion de l'homme coupable, celle que les Cieux & la Terre ne pouvoient nous apprendre, la fageffe de Dieu en Myftére. La vie éternelle eft de connoître Jefus Chrift envoyé de Dieu.

Il femble d'abord que cette verité ait moins d'évidence

que

que la premiére. Mais on se trompe. Elles sont liées ensemble, & l'on ne peut avoüer, que la vie éternelle consiste à connoître Dieu, sans avoüer aussi qu'elle consiste à connoître Jesus Christ. La raison en est que la connoissance de Dieu dépend absolument du Seigneur ; Personne ne connoît le Pere sinon le Fils, & celui à qui le Fils l'a voulu révéler.

Je parle, MES FRERES, avec Jesus Christ de la connoissance salutaire, qui renferme une Religion pure, & agréable à Dieu. Il est bien vrai que la connoissance d'un Dieu est si naturelle & si facile, qu'on peut l'avoir sans la révélation, & c'est ce que l'on a vû dans les Philosophes. Mais on y a vû en même temps ce que peut une semblable connoissance pour former la Religion. Quelle confusion d'erreurs & de veritez, quelle inégalité, quelle incertitude, quelles contradictions dans les pensées & dans les jugemens des Philosophes ! Ces Lumiéres des Nations. Ces grands Génies, sages à la verité quelquefois dans leurs discours, mais insensez dans leurs actions, & vains dans toute leur conduite, loin de travailler à détruire les superstitions, les Temples, les Autels, les Idoles, ne les a-t-on pas vûs, défendre & pratiquer les superstitions, assister religieusement dans les Temples, couvrir les Autels de leurs victimes, consacrer eux-mêmes les Idoles, & les servir ? Est-ce là connoître Dieu ? Ou plûtôt, n'est-ce pas ainsi que l'homme le connoît, quand il le connoît sans Jesus Christ?

C'est aussi ce que les Chrêtiens ont fort bien remarqué dans leurs disputes contre les Idolâtres. Ils ont dit que l'homme seul, *Lactance.* & sans le secours d'un Docteur, ne pouvoit comprendre toute la sagesse de Dieu répanduë dans le Monde, & que les Philosophes, qui l'ont voulu faire, se sont embarassez en mille erreurs & en mille contradictions. Et certainement ils ont eu raison. L'expérience est ici trop longue & trop universelle

pour douter. L'efprit humain eft fi foible & fi rempli de préjugez, qu'il ne fçauroit déveloper toutes les inftructions, que
Dieu lui prefente dans la Nature ; fes vûës ne font ni affez
diftinctes, ni affez certaines, pour s'en former une Religion
raifonnable. Il apperçoit les plus grandes veritez d'une maniére douteufe & confufe ; il eft balancé par les difficultez,
il ne fçauroit s'en démêler, fans le fecours d'une autorité infaillible, qui lui prête fes lumiéres, qui éclairciffe ce qui lui
paroît obfcur, qui confirme ce qui lui femble incertain.

Mais quoi qu'il en foit, la connoiffance falutaire de Dieu
comprend celle de fa volonté, & cette volonté a trois parties ;
l'obfervation de la Loi Morale, ou de la juftice ; la foi en Jefus Chrift, comme au Rédempteur du monde ; la vie éternelle, qui eft la récompenfe de la piété. La premiére de ces
veritez eft manifeftée dans le monde, la feconde ne l'eft
point du tout, la troifiéme l'eft en partie, mais en général
elles n'ont eu d'évidence ni de certitude que par Jefus Chrift,
ce qui rend la connoiffance du Rédempteur abfolument néceffaire.

Premiérement à l'égard de la Loi morale, il eft vrai
qu'elle eft imprimée dans la confcience, & que comme Dieu
a mis dans l'homme des principes de verité, pour régler
fes connoiffances, il y a mis de même une Loi vivante &
intérieure, pour régler fes actions. Mais que feroit cette Loi
fans celle de Jefus Chrift ? Qu'étoit-elle devenuë parmi les
Gentils ? Effacée par le long ufage du crime, par le progrés
de l'erreur, & fon régne invétéré, par l'autorité de la coûtume, par la violence des paffions, on ne pouvoit prefque
plus en voir les caractéres dans le cœur de l'homme, & pour
les retracer, & les rendre intelligibles, pour retirer de l'op-
preffion de l'erreur & du péché cette juftice cachée dans la
confcience, il ne falloit pas moins, que la fageffe & la ver-

tu de Jesus Chrift, foûtenuës de touté fon autorité.

Secondement ce n'eft pas affez de donner de la lumiére à la Loi, il faut lui donner de la force. Elle n'en peut avoir que par la crainte des peines, & l'efpérance des récompenfes, & ces peines & ces récompenfes elles-mêmes ne peuvent avoir d'efficace, qu'autant qu'on eft affuré de leur grandeur & de leur certitude ; Or on ne peut l'être fans Jefus Chrift.

On a bien vû quelquefois les Philofophes s'entretenir de l'immortalité de l'ame, mais quelques efforts, qu'ils ayent faits ils n'ont jamais pû s'en affurer. Celui, qui a peut-être le mieux parlé fur cette matiére, ne pût cacher fon incertitude, lors qu'il étoit fur le point de mourir, & il fut contraint d'avoüer, que les Dieux feuls fçavoient ce qu'il alloit devenir. Quelle différence, MES FRERES, de Socrate à Saint Paul, du Difciple de la Nature à celui de Jefus Chrift ! Le premier va, comme l'autre, au fupplice, où il eft appellé, mais ils tiennent tous deux des difcours bien différens. La vie & l'immortalité paroiffent à Saint Paul dans une fi grande évidence, qu'il n'eft pas plus affuré de mourir avec Jefus Chrift, que de refufciter avec lui. Je le fçai, dit-il, je fçai à qui j'ai crû, & je fuis perfuadé, qu'il eft puiffant, pour garder mon dépôt ; Nous fçavons, que nous avons une Maifon éternelle dans les Cieux. Ah ! les Dieux le fçavent ; voilà le mot des Philofophes, quand ils parlent de l'immortalité, c'eft la fcience des Dieux, & non pas des hommes. Nous le fçavons ; voilà le mot des Chrêtiens, c'eft la fcience non feulement de Dieu, mais des hommes inftruits, par la Doctrine & par la Réfurrection de Jefus Chrift.

Ciceron. Queft. Tufcul. 2. Queftion.

Enfin, voici ce qui achéve de faire voir la néceffité de connoître le Rédempteur, c'eft qu'il eft lui-même l'Objet immédiat de la foi. Aprés nous avoir aquis la vie éternelle par fon fang, Dieu a voulu qu'on ne pût l'obtenir que par la foi en fon nom. C'eft le Myftére du Chriftianifme, mais quoi qu'il foit d'une profondeur incompréhenfible, la fageffe de Dieu ne laiffe pas d'y paroître avec éclat, & je ne fçai fi l'on doit moins l'y admirer que fa miféricorde.

Jefus Chrift eft Dieu, & à cet égard fa connoiffance renferme l'adoration. Or n'eft-il pas infiniment jufte qu'ayant les perfections divines, il en reçoive les honneurs, & que tout le Monde honore le Fils, comme il honore le Pere? Jefus Chrift eft le Rédempteur du monde, & à cet égard fa connoiffance renferme la confiance au mérite de fa Croix, & en la puiffance de fon Exaltation. Or n'eft-il pas jufte encore, que l'homme reconnoiffe fon Libérateur, qu'il vienne mettre fes chaînes au pied de la Croix du Seigneur, avoüer là fon péché, fa condamnation, l'impuiffance de fe delivrer, & protefter devant Dieu, qu'il ne trouve qu'en Jefus Chrift, le Sang, qui expie fon péché; la Victime, qui porte fa condamnation; la Puiffance, qui l'arrache à la mort? Enfin Jefus Chrift eft le Légiflateur de Dieu, & à cet égard fa connoiffance renferme la pratique de fes Loix. Or qu'y a-t-il de plus jufte que ces Loix, & leur obfervation? Elles ordonnent qu'un pécheur détefte fon crime, pour obtenir fa grace; qu'il adore Dieu, qui le lui pardonne; qu'il honore le Fils, qui a mérité fon falut, & qu'il vive felon l'ordre, qu'une créature raifonnable doit fuivre, qui confifte dans la vertu.

Telle eft, MES FRERES, la néceffité de connoître Jefus Chrift. Je ne dirois plus rien fur cette matiére, s'il ne falloit faire quelque attention à une difficulté trop effencielle, pour la négliger. On demande, fi la connoiffance de Jefus Chrift eft abfolument néceffaire au falut, & la raifon de cette queftion eft, que cette connoiffance n'étant pas naturelle, & la prédication n'étant pas univerfelle, il n'eft pas poffible à tous les hommes de l'aquérir.

Aprés la déclaration du Fils de Dieu, il semble qu'on ne sçauroit nier la nécessité absoluë de le connoître. C'est ici la vie éternelle de te connoître seul vrai Dieu, & celui que tu as envoyé, Jesus Christ. Ces paroles sont décisives. Elles établissent une égale nécessité de connoître Dieu & de connoître le Rédempteur ; elles ne font même de ces deux connoissances qu'une seule condition de la vie éternelle. On n'oseroit les séparer, & si l'infidelle peut être sauvé sans connoître JesusChrist, pourquoi l'Athée & l'Idolâtre ne le seroient-ils point sans connoître un seul vrai Dieu, puisque la foi d'un Dieu, & celle de Jesus Christ ne composent ensemble qu'une seule condition totale & essencielle du salut?

On dira sans doute, que la connoissance d'un Dieu est nécessaire, parce qu'elle est possible, mais que la connoissance de Jesus Christ ne peut être nécessaire à tous les hommes, parce qu'elle est impossible à plusieurs. J'avouë que cette difficulté est grande, mais elle ne sçauroit nous donner le droit de limiter la proposition de Jesus Christ, ni d'établir, pour la condition entiére du salut, la connoissance d'un seul Dieu, qui n'en fait qu'une partie. Il faut pourtant avoüer, que l'ignorance invincible des infidelles est une excuse légitime, & que Dieu ne les condamnera pas pour n'avoir point crû en Jesus Christ, qui ne leur a point été prêché. La connoissance de Jesus Christ est bien, dans les fidelles, la cause de leur salut, mais l'ignorance de Jesus Christ n'est pas, dans les infidelles, la cause de leur condamnation. Comme ils ont péché sans la Loi & sans l'Evangile, ils ne seront jugez ni par l'Evangile ni par la Loi. Ce sera seulement par la loi de la nature & par la droite raison, qu'ils ont connuës.

On demandera peut-être encore, quelle a été la destinée de ces hommes célébres entre les Payens, qui nous ont laissé ces grands exemples de vertus morales, que la postérité admire encore, fans avoir pû les furpaffer. Mais il y auroit de la témérité à répondre à cette queftion. Ne jugeons point, MES FRERES, des Myftéres de la Providence ; il eft prefque également dangereux de prononcer des condamnations téméraires, ou des juftifications trop hardies. On doit ce refpect à la Juftice & à la Miféricorde de Dieu, de n'entreprendre pas de pénétrer leurs jugemens fecrets. Qui fçait les miracles, que la Providence peut avoir faits, pour fauver quelques Elûs au milieu des infidelles ? Qui fçait les défauts, qui corrompoient les vertus de ces grands hommes, dont l'éclat feul eft venu jufqu'à nous ? C'eft pourquoi laiffant à Dieu la connoiffance de fes jugemens particuliers, il faut feulement conclurre en général, que le Monde n'ayant point connu Dieu par la fageffe de l'Univers, Dieu a voulu fauver les croyans par la prédication. Voilà le Monde condamné ; voilà les croyans feuls fauvez par Jefus Chrift. C'eft la décifion de la queftion par Saint Paul.

Il faudroit maintenant, MES FRERES, vous entretenir de la vie éternelle, qui eft le fruit de la connoiffance de Dieu. Mais l'étenduë de mon fujet ne me permet guéres de vous en parler, & d'ailleurs le deffein de Jefus Chrift eft de nous en apprendre les conditions, & non la grandeur ou la verité. Je dirai feulement, qu'on ne peut donner une plus haute idée de la félicité à venir, que de l'appeller une vie éternelle. Quand on parle aux fens & à l'imagination, on peut dire des chofes plus capables de les frapper. Mais elles font figurées & moins grandes, dans le fonds, que ces deux mots unis, la vie & l'éternité, qui achévent le portrait d'un état infiniment heureux.

La vie naturelle confifte dans la penfée, la volonté, l'action, & le fentiment. C'eft la vie des créatures intelligentes, que je veux définir. Dans l'état de la grace, la vie comprend toutes ces chofes accompagnées des qualitez morales, qui en font la droiture & l'honnêteté. Dans l'état de la gloire, la vie comprend ces mêmes chofes portées à leur plus haut point de perfection, c'eft à dire, que c'eft une vie, où l'ame n'a que des penfées pures & droites, où elle eft toûjours éclairée de la verité, où l'étenduë de l'efprit eft remplie d'une lumiére vive & pure. C'eft une vie, où la volonté, réglée par une juftice conftante & incorruptible, ne s'éloigne jamais de fon devoir, & ne s'attache qu'au bien infini, qu'elle doit aimer. C'eft une vie, où toutes les actions font grandes & faintes, les deux caractéres de la perfection ; où fans foibleffe, & fans égarement, elles tendent toutes à la gloire de Dieu & au bonheur de l'homme, & elles y arrivent toûjours. C'eft une vie, où l'ame ne conferve de fentiment, que pour lui porter des plaifirs également vifs & purs, qui n'ont rien de charnel ni de languiffant, tels, que la fource, d'où ils procédent, un Dieu infiniment heureux & faint.

Peut-on rien concevoir de plus beau, de plus parfait, de plus grand, de plus digne de la magnificence de Dieu, de fon amour, d'une ame immortelle ? De quelque côté, qu'elle fe regarde, la gloire & la félicité l'environnent ; le bien infini fe communique à elle par tout, où elle peut le recevoir.

Mais il n'y a point de bonheur parfait, quand il peut être interrompu. Quelque éloignée qu'en foit la fin, elle fe prefente à l'efprit, qui ne veut pas s'aveugler, & trouble la jouïffance de fes plaifirs ; il voit qu'il y aura un temps, où il ceffera d'être heureux, où il deviendra miférable, & il l'eft déja par la penfée de le devenir. Mais quand il ne feroit pas ces réflexions, il eft certain que le caractére effenciel des bonnes chofes, c'eft leur durée ; & l'éclat de la plus petite étoile, me paroîtroit bien plus excellent, que celui du

Soleil, fi le dernier devoit s'éteindre, & que le premier du-
rât toûjours. Les defirs infinis de l'homme, & l'immortalité
de fon ame le conduifent là. Il faut donc qu'une durée éternelle fe joigne à la vie des bien-heureux, pour lui donner la
derniére perfection, & c'eft auffi ce qui fe rencontre dans
celle que Jefus Chrift promet. A quelque égard, que l'on confidére cette vie, elle ne peut fe terminer. Qui peut la borner,
fi l'ame, qui la poffëde, eft immortelle, fi le bien, qui en
fait la félicité, eft infini?

Ainfi, avoir l'efprit occupé d'une éternelle fucceffion de
penfées, qui ne lui offrent, que des veritez pures & agréa-
bles ; être toûjours porté vers la vertu, par un penchant néceffaire & doux ; poffëder le fouverain bien, fans craindre
de le perdre ; en tirer inceffamment un plaifir ineffable, &
ne l'épuifer jamais ; n'agir que pour une fin noble, grande,
jufte, & y arriver toûjours ; pouvoir tout ce que l'on veut,
fans vouloir rien d'injufte ni de funefte ; ne voir dans l'avenir,
qu'une éternelle durée de félicité ; trouver par tout fon bonheur plus vafte, que fes defirs & que fes penfées ; a quelque
point, qu'on fe mette, le voir toûjours également grand;
En un mot, être dans l'état le plus parfait, où la Nature humaine, puiffe être portée, & demeurer éternellement dans
cet état, c'eft l'idée qu'on doit avoir de la vie éternelle ; Quelque effort que faffe l'efprit humain, il ne fçauroit rien concevoir de fi grand, & il ne fçauroit même concevoir ici bas
toute le grandeur de cet état.

Eloge de
S. A. S.

C'Eft-là, MES FRERES, c'eft à cette vie éternelle où
nôtre grand Prince vient d'être élevé, au moment qu'il
a fini fa vie & fes travaux. Quoi qu'il y ait long-temps, que
je vous parle, il n'eft pas néceffaire, de vous demander de
l'attention pour ce qui me refte à vous dire. Elle fe fortifie
d'elle-

d'elle-même à l'ouïe d'un Nom si cher & si respecté , & loin de vous lasser par la longueur de ce Discours, vous me verrez sans doute finir à regret un sujet, dont le souvenir ne finira jamais dans vos Esprits.

Il y a prés de soixante-six ans, que nâquit, dans ce lieu, très-haut & très-puissant Prince, JEAN GEORGE Second, Prince d'Anhalt, Duc de Saxe, d'Angrie & de Westphalie, Comte d'Ascanie, Seigneur de Zerbst & de Bernebourg, Gouverneur de la Marche de Brandebourg, & Généralissime des Armées de S. A. Electorale ; Prince dont les Qualitez égaloient la naissance, quoi qu'il y en ait à peine de plus illustre dans le Monde. *Né, l'an 1627. le 7. Nov. Mort, le 17 d'Aot 1693.*

Il étoit sorti d'une Ancienne Maison, qui avoit l'autorité publique & le commandement des Armées parmi ces Nations courageuses, qui habitoient les Provinces voisines de l'Elbe, & qui défendirent si long-temps leur liberté contre les Chrêtiens. Ses Ancêtres possédérent en suite, sous les Empereurs, les premiéres dignitez de l'Empire, avec de grands Etats, dont la Principauté, qui donne le Nom à cette Sérénissime Maison, ne faisoit pas alors la plus considérable partie. *La Maiso d'AN-HALT passe généralement pour l'une des plus Anciennes de l'Europe.*

L'obscurité des temps nous cache l'origine certaine de cet ancien Nom, mais voici pourtant ce que l'on en a rapporté. Un des Princes de cette Maison, ayant arrêté par sa valeur une armée, qui prenoit la fuite, & l'ayant ramenée au combat, & à la poursuite des Ennemis, qu'il vainquit, il mérita, que sa postérité portât le nom d'ANHALT, qui exprime cette action. Ainsi, comme l'on vit autrefois le Fondateur de Rome, consacrer un Temple à Jupiter, sous le nom de STATEUR, parce qu'il crût que ce faux Dieu avoit arrêté les Romains, fuyans dans leur propre Ville devant leurs Ennemis ; De même l'on a vû dans l'Empire la reconnoissance publique honorer cette Auguste Maison d'un Nom sem- *Le mot Allemand ANHAL-TEN signifie retenir & poursuivre.*

blable , pour conferver la mémoire de fa valeur , & pour apprendre aux Princes, qui ont l'honneur d'en defcendre, qu'ils font nez les STATEURS de l'Empire , fi je puis parler ainfi , & qu'ils doivent arrêter les Ennemis, qui veulent y faire des invafions, ou foûtenir la valeur ébranlée des Soldats, lors qu'ils ont la foibleffe d'en abandonner la défenfe.

Mais quelle que foit l'origine d'un Nom, que tant de Héros ont rendu illuftre, il importe peu. Quand même il feroit moins glorieux dans fa naiffance , il l'eft infiniment dans fa durée, & comme ces Riviéres fameufes, qui font à peine connuës , & prefque fans nom dans leur fource, s'annobliffent par la longueur de leur cours, par les grandes Provinces , & les belles Villes, qu'elles arrofent. De même le Nom de cette Augufte Maifon acquiert affez de gloire par le grand nombre de Princes, qui l'ont porté, durant plufieurs fiécles, & par les belles actions, qu'ils ont faites au dehors & au dedans de l'Empire.

Je ne m'arrêterois point ici, MES FRERES , à vous parler de la naiffance du Prince , & de la vertu de fes Ancêtres, s'il n'avoit eu que l'honneur de defcendre d'eux. Mais on peut dire, que leur gloire étoit la fienne, non feulement parce qu'il avoit reçû leur fang, mais parce qu'il avoit eu le foin de fe la rendre propre, & que quoi qu'elle eut plus d'éclat en lui, qu'en aucun autre, jamais perfonne n'en eut une plus jufte opinion, & ne l'accompagna d'une plus grande modeftie.

La naiffance eft une de ces chofes , qui ne peuvent donner de veritable grandeur, qui méritent peu de loüanges, lors qu'elles font feules, mais qui ont parû dignes d'admiration aux plus éclairez, quand elles ont été jointes à la vertu & à la modeftie. Selon cette maxime, la gloire de la Naiffance étoit toute pure dans la perfonne du Prince. Sage & modefte, il n'en

étoit point ébloui ; Généreux & Magnanime il penſoit à la
ſoûtenir & à l'augmenter. Il connoiſſoit toute la vanité de cet
avantage de la fortune ; il ſçavoit tout ce qui peut lui donner une juſte valeur, & c'eſt par ce jugement qu'il avoit dans
ſa perſonne un prix, que les autres hommes lui ôtent ſou-
vent par leur orgueil, & par leur vaine opinion.

Mais ne regardons ce grand Homme qu'en lui-même.
Quand il ne ſeroit pas né Prince, il étoit né pour le devenir.
Dés qu'on jettoit les yeux ſur lui, on étoit frappé de ces qualitez extérieures, qui les premiéres attirérent les regards &
l'eſtime des hommes, lors qu'ils voulurent ſe donner des Maîtres. Soit qu'on eût ſuivi le préjugé de ces Peuples, qui
choiſiſſoient pour leurs Rois les hommes les mieux faits, ou
les maximes de ces autres Nations, qui mettoient à leur tête
les plus forts, & les plus capables de les défendre, il faut demeurer d'accord que le Prince méritoit d'être choiſi pour
commander. La Nature, lui avoit donné un corps d'une con-
ſtitution forte & capable de tous les travaux ; & Elle l'avoit
orné d'un extérieur auguſte & beau, qui rendoit ſa Perſonne
toute aimable, mais qui n'étoit que la moindre partie de ce
qu'elle avoit d'éclatant.

On remarque dans les grands hommes, je ne ſçai quelle
beauté noble, & ſpirituelle en quelque ſorte, qui vient moins
du corps que de l'ame, qui eſt une impreſſion des ſentimens
du cœur, & un éclat viſible des vertus, qu'on ne peut appercevoir.

Si jamais perſonne eut cette beauté, qui eſt un caractére
de la vertu même, c'étoit le Prince. On voyoit ſur ſon viſage un certain éclat de douceur & de Majeſté, qui pouvoit
le faire craindre & le faire aimer, je ne ſçai quoi de grand &
de modeſte tout enſemble ; un air de liberté, de tranquillité, d'empire, qui marquoit l'élévation de ſon ame, & ce gé-

H 2

nie fupérieur à tout ce qu'il avoit à faire ; une férénité toûjours égale ; une bonté qui donnoit la confiance de l'approcher aux plus timides ; une Majefté , qui ne permettoit
pas aux plus audacieux d'en abufer.

Cet extérieur étoit foûtenu des qualitez de l'ame. Le Prince portoit dans le cœur, tout ce qu'il prefentoit au dehors
dans fes actions & fur fon vifage. Il avoit même l'ame plus
belle encore, qu'elle ne paroiffoit l'être, & les marques qu'elle donnoit de fa grandeur n'étoient trompeufes, qu'en ce qu'elles en cachoient une partie.

C'eft ce qui paroîtra dans la fuite par la confidération des
différens états, où le Prince a vécu, & où il a rempli tous les
devoirs, auxquels fa naiffance & fon mérite l'appelloient, avec
un fuccés, qui a fait voir qu'il étoit d'une capacité univerfelle.

Comme il étoit Fils unique, & qu'il méritoit toute la tendreffe de fon illuftre Pere autant par fes vertus, que parce qu'il
étoit fon Fils , le Prince retourné de fes voyages demeuroit
auprés de lui. Mais il n'étoit guéres poffible qu'il y demeu-
rât long-temps. Et certes ç'eut été un grand malheur, qu'un
Prince, qui pouvoit faire la félicité d'un Empire, n'eut fait
que celle d'une Province, dont il étoit né le Maître ; Malheur, dis-je, non pour lui, qui avec les qualitez des grands
hommes, n'avoit point leur ambition, & qui plus eft il étoit
au deffus de fa fortune , plus il fçavoit s'en contenter , mais
malheur pour le monde, qui auroit perdu le fruit, qu'il pouvoit retirer d'un fi grand Homme. Car, comme le remarquoit
un S. Docteur de l'Eglife, l'autorité, que Dieu donne aux bons
S. Anguftin Princes, n'eft pas une faveur qu'il leur fait, c'eft une grace,
qu'il accorde au monde.

C'eft pour cela que lors que l'intérêt & l'ambition laiffoient
le Prince en repos, au milieu de fa famille, fon mérite feul l'en
tira. Connu, par le bruit, qu'il faifoit dans le monde, jufques

chez les Etrangers, le Roi de Suéde, Charles Guſtave, forma le deſſein de l'attirer dans ſes armées, & l'on vit le Prince accompagner ce Monarque victorieux, qui marchant ſur les traces du Grand Guſtave, fit voir dans la Pologne cette valeur extraordinaire & ces ſuccés rapides, dont le dernier avoit rempli toute l'Allemagne. S. A. ſuivit le Roi par tout: il ſe trouva dans les combats, dans les ſiéges, dans les batailles, & il eut beaucoup de part à la gloire de cette Expédition. Il ſoûtint un long ſiége, contre toute l'armée Polonoiſe, dans une place & avec une garniſon trés-foible, & il le fit avec tant de prudence & de courage, que le Roi de Pologne, à qui ſeul il voulut la remettre, témoigna moins de joye d'entrer dans une Ville, qui lui avoit coûté beaucoup de temps & de ſang, que de voir & de combler d'honneurs le Prince, qui l'avoit défenduë contre lui.

Ce fut alors un beau ſpectacle, de voir deux Rois Ennemis témoigner à l'envi de l'eſtime au Prince, loüer ſa valeur & ſa prudence, & malgré l'oppoſition de leurs intérêts, l'honorer d'une maniére ſi ſemblable, qu'on n'eut pû diſtinguer auquel des deux ſes ſervices étoient utiles ou funeſtes. C'eſt-là ce qui peut donner l'idée d'une gloire toute pure, aquiſe par le mérite ſeul, où l'intérêt ni la reconnoiſſance n'ont aucune part.

Mais le Prince ne ſçavoit pas moins forcer des places, que les défendre, & de toutes les actions extraordinaires, qu'il a faites, contentez-vous que je vous rapporte celle-ci. Le Roi de Suéde, rappellé de ſes Conquêtes à la conſervation de ſon Royaume, mena ſes troupes victorieuſes dans les Etats de Dannemarc, où elles firent bien-tôt aprés le ſiége d'une place trés-forte & trés-importante, ſituée au bord de la Mer, qui flote au pied des ramparts. Les Aſſiégez croyoient leur Ville inacceſſible de ce côté là, ſans en négliger pourtant la défenſe, & le Général Suédois, penſoit à les amuſer plûtôt qu'à

Le Roi demanda M. le Prince à ſon Pere avec beaucoup d'empreſſement, tant par pluſieurs lettres, que par les ſollicitations de ſon Envoyé dans le Cercle de la hautè Saxe. Il lui donna d'abord le commandement d'un Régiment de Cavalerie. En 1655.

Conits.

Caſimir.

L'Admiral Wrangel aſſiége Friderichſudde, dans le Jutland.

les vaincre, en les faisant attaquer par là. Mais il ne
songeoit pas, que les entreprises, qui sembloient impossibles
à d'autres, ne l'étoient pas pour le Prince, & qu'une valeur
extraordinaire achéve des desseins, que la prudence n'ose
former.

Le signal de l'assaut donné, ce Guerrier intrépide se presente à cheval à la tête des Escadrons, qui devoient le suivre; il entre
dans l'eau, qu'il avoit sondée lui-même le soir, & s'avance jus-
que au pied des Pallissades. Ce fut-là qu'il fallut essuyer à découvert tout le feu des ramparts, & de quelques vaisseaux ar-
mez, qui en défendoient l'approche, pendant que l'on cou-
poit aux pieds du Prince ces gros troncs d'arbres, destinez à
briser les ondes de la Mer, le seul Ennemi, qu'on pouvoit
craindre de ce côté là. A peine y eut-il une ouverture capable de laisser passer un homme à cheval, que ce Héros, im-
patient de vaincre, se hâte, vole au pont, qui traverse le
fossé, où les Ennemis l'attendent, détourne un coup de pi-
que qu'on lui porte, tuë de sa propre main l'Officier qui commande, se fait jour au travers des Soldats, entre le premier
dans la Place, pénétre jusques aux brêches, que les Assié-
geans n'avoient encore pû forcer, & les reçoit dans la Ville; Ce fut ainsi, qu'aprés avoir remporté la victoire, le
Prince eut encore la gloire de la donner, & qu'il exécuta,
ce qui sembloit impossible, pendant qu'on ne pût achever
qu'avec son secours, le seul dessein, où l'on avoit espéré de
réüssir.

Une action si glorieuse & si publique aquit tant de répu-
tation au Prince, que l'Electeur de Brandebourg, Frideric
Guillaume le Grand, de glorieuse mémoire, ce Héros, qui ai-
moit la vertu, autant, qu'il la possédoit lui-même, forma
le dessein d'attirer le nôtre auprés de lui. Gustave cependant
n'oublia rien pour le retenir, il le fit Général, il l'admit aux

Conseils les plus secrets, il lui destina les premiéres Charges
du Royaume, pendant que Guillaume de son côté lui offroit
tout ce qui pouvoit l'engager. Ainsi l'on vit un Roi d'un côté, & un Electeur de l'autre, se disputer en quelque sorte la
Personne & les services du Prince, & lui presenter pour le
retenir, ou pour l'attirer tout ce qui pouvoit toucher ses dé-
sirs, & piquer sa belle ame.

Quelque éclat, qu'ait la vie de ce grand Homme, elle n'a
rien de plus glorieux, que cet endroit, & tout ce que l'on
pourroit dire pour le loüer, ne sçauroit donner une si haute idée de son mérite, que d'avoir été souhaité de deux Princes, que la Postérité regardera toûjours comme l'ornement
de leur siécle. Il n'y a qu'une vertu toute sublime & toute extraordinaire, qui ait pû exciter une espéce de jalousie entre
deux Souverains, qui n'en avoient ni pour leur grandeur, ni
pour leur autorité, ni pour leur gloire.

L'Electeur l'emporta sur le Roi. Le Prince préféra le service du premier, & ce ne fut ni le principal Gouvernement
de l'Etat, ni le Commandement des Armées, ni le soin de sa
fortune, qu'il pouvoit trouver par tout, où il portoit son
mérite; ce fut l'estime, qu'il eut pour vôtre vertu, Madame, qui fut la cause de son choix; Vous fûtes le lien, qui
attacha ces deux grands Hommes, & qui procura à la Marche Electorale ce précieux avantage, d'avoir été gouvernée
à la fois par deux Princes, dont un seul pouvoit faire le bonheur d'un grand Etat.

Ce fut dans ce nouvel Emploi, que le Prince exerça les
grandes qualitez qu'il avoit pour le gouvernement. Dans
une application continuelle aux affaires, dans des liaisons étroi-
tes avec les plus grands Princes, & les premiers Ministres, attentif à tous les mouvemens de l'Europe; tantôt dans de grands
voyages, chargé de ces négociations difficiles & secretes, que

L'Electeur donna à M. le Prince, le commandement général de la Cavallerie, avec le gouvernement de la Marche de Brandebourg. Et il lui fit épouser la Princesse Henriette Catherine d'Orange, sœur de Madame l'Electrice en 1659.

l'on n'ofe confier qu'à des perfonnes confommées dans la prudence & dans la vertu ; tantôt à la tête des armées, occupé
à pourfuivre les Ennemis, ou à les arrêter ; toûjours dans les
Confeils importans ; prudent dans fes avis, droit dans fes
intentions , fage à éviter le péril, ferme à le foûtenir, jufte,
clément, généreux, fans ambition, & fans intérêt, chéri
des peuples, eftimé des grands, connu de tout le Monde,
fidelle au Souverain dont il exerçoit l'autorité, il a rendu à
S. A. Electorale ces grands fervices, dont la reconnoiffance
vient de paroître avec éclat, dans les triftes cérémonies, qui
ont fuivi fa mort. Je ne fçaurois marquer ici en détail ces fervices, dont le public confervera le fouvenir. Mais voici ce
que tout le monde a fçû , & ce que l'on doit admirer autant
pour fon importance que pour fa difficulté.

S. A. Ele-ctorale a voulu qu'on traitât le Corps de M. le Prince avec les mêmes hon-neurs, qu'on avoit faits à celui de S. A. El. fon Pere.

    Guillaume le Grand étoit au de-là du Rhin, avec fes trou-
pes, pour défendre l'Empire des efforts de la France. Affuré contre les troubles du dedans par la prudence & la fidélité du Prince, il croyoit l'être contre les entreprifes de fes voi-
fins par les Traitez, qu'il avoit faits avec eux. Dans cette confiance il part, & pour défendre mieux l'Empire, il laiffe prefque fans défenfe fes propres Etats, lors que tout d'un coup
les Suédois parurent en armes, & entrérent dans la Marche
Electorale, fous le commandement d'un Général d'une grande expérience.

Wrangel.

    Tout le Monde crût alors l'Etat au bord de fa ruine. La
Capitale étoit dépourvûë des troupes néceffaires à fa défenfe.
Le fiége en paroffoit inévitable, & la prife auffi bien que le
fiége. Les Bourgeois étonnez, loin de penfer à conferver
leur Ville, ne fongeoient qu'à fe fauver par la fuite. La prudence & la fermeté du Prince faifoient prefque toute la force de l'Etat. Mais que peut la prudence defarmée, & le courage d'un Chef fans Soldats. On l'ignoreroit peut-être fi le
Prince

Prince n'en avoit donné un grand exemple.

Dans cette extrêmité, il affemble tout ce qu'il peut trouver de gens, capables de quelque réfiftance. Sa valeur, fon habileté, fa vigilance, cet air de confiance & de liberté, qui ne l'abandonnoit jamais, relévent le courage des plus abattus ; la promeffe d'un fecours prochain, achéve de les raffurer. Tout incroyable qu'eft ce fecours, on l'efpére ; c'eft le Prince, qui le promet, c'eft de l'Electeur, qu'on l'attend. L'Ennemi cependant trompé par fes artifices, ignore fa foibleffe, & ne peut dérober à fa pénétration fes propres deffeins. A peine formez, des obftacles imprévûs les arrêtent. La victoire, en apparence affurée, devient difficile. Toutes les places fembloient ouvertes, on les trouve toutes d'un accés dangereux. La prudence du Gouverneur fait une réfiftance, qu'on ne pouvoit attendre de fes forces, & pendant que le Suédois cherche en vain des occafions, qui le fuyent, l'Electeur arrive des bords du Rhin. Ce Héros, qu'il croit trop éloigné, pour l'attendre, trop foible, pour le craindre, mais en effet trop rapide, pour être arrêté par les Riviéres, les Montagnes, les Provinces ; trop intrépide, pour être étonné du danger & du nombre, tombe fur l'Ennemi, le trouble, l'attaque, le défait prefque en un moment, & achéve par une victoire, qui fut un miracle de valeur, une marche, qui fut elle-même un miracle de diligence & d'habileté.

Mais pendant que le Prince s'occupe des intérêts & de la gloire de l'Electeur, ne croyez pas, qu'il néglige ni fes propres fujets, ni le foin de l'Empire. Prefent ici, quelquefois par lui-même, toûjours par fes ordres, il gouvernoit en Maître digne de ces fiécles heureux, où les Peuples n'avoient befoin d'autres Loix, que de la volonté de leurs Souverains. *Arbitria* Jamais on ne vit un gouvernement plus doux, plus jufte, *Principum* plus favorable au bien public, plus de foin de protéger des *pro legibus erant.* Juft.

ſujets dans les grandes calamitez de l'Etat, plus de plaiſir à les rendre heureux. Il lui étoit ſi naturel de faire du bien, qu'il ne pouvoit refuſer aucune grace, ou s'il y fut forcé quelquefois, on peut dire, qu'une injuſtice ne coûteroit pas plus à un homme équitable, que lui coûtoit le refus d'une faveur. Auſſi, voyez comme cette Ville croiſſoit tous les jours ſous ſon ombre. Combien, dans peu d'années, de maiſons élevées par ſes libéralitez, de nouveaux Habitans établis, de pauvres Artiſans accommodez, de Citoyens enrichis. La proſpérité étoit répanduë dans toutes les familles, & la paix dont on jouiſſoit ici, n'étoit pas même troublée par la vûë de ces Soldats, que l'Empire pour ſa défenſe, tant le Prince ſçavoit éloigner de nous, juſques aux moindres marques d'une guerre ſi cruelle & ſi funeſte.

Que ne pouvoit-il en préſerver de même l'Empire, dont il étoit Membre, moins encore par ſa naiſſance, que par ſon amour & par ſes ſervices ! Senſible aux malheurs de l'Etat, jaloux de ſa gloire, paſſionné pour ſon repos, de quel œüil en voyoit-il les pertes ou la proſpérité ? Fidelle & incorruptible, dans les conjonctures les plus délicates, content de l'eſtime des Etrangers plus que d'autres de leurs treſors, pût-on jamais, ou le ſéduire par des artifices, ou le gagner par des offres? Appliqué ſans relâche à maintenir l'union des Princes, à accorder leurs intérêts, & même à terminer, s'il eut été poſſible, les différends de la Religion, cette ſource éternelle de ſoupçons, de défiance, & de diſcorde, ne fut-il pas dans l'Empire un de ces Génies, qui ſervent à lier les parties de ce grand Corps, à diriger leurs mouvemens, à les rapporter à une fin ? Attentif aux néceſſitez de l'Etat, & telle eſt l'inconſtance des choſes humaines, ne pouvant plus, comme ſes Ancêtres, fournir de grandes armées pour ſa défenſe, ne ſçût-il pas y ſuppléer, par ſa propre vertu, & tirer de ſon zéle & de sa sagesse ces sollicitations, ces lumiéres, qui assembloient les armées, qui les faisoient agir. Je n'avance rien ici dont on n'ait de grandes preuves.

Tout le monde se souvient des progrés inouïs de la France dans les Provinces-Unies, & de l'Etat où se trouva cette République, lors que presque en un jour, elle tomba du plus haut faîte de la puissance & de la gloire dans la désolation & dans la servitude. On vit alors, que les Etats peuvent avoir des révolutions aussi promptes que les Souverains, & que la fortune d'une République peut périr comme celle d'un seul homme.

L'Electeur de Brandebourg, ancien Allié des Hollandois, Prince parfaitement éclairé sur ses intérêts, puissant pour les défendre, hardi pour l'oser faire, seul, entre tous leurs voisins, forma le dessein de venir au secours des vaincus, de sauver un des plus beaux Etats du monde, & la liberté de l'Europe avec lui. Résolution digne d'un si grand homme.

Le Prince, qui avoit les mêmes pensées, n'ignora pas long-temps le dessein de l'Electeur. Pour en assurer le succés, il étoit important d'y faire entrer sa Majesté Impériale, dont l'exemple & l'autorité entraîneroient infailliblement les Etats de l'Empire. Personne n'étoit plus propre à cette négociation, que le Prince ; on l'en chargea, il y réüssit. Son crédit & son habileté surmontérent les difficultez du Traité, son courage en exécuta le dessein, & bien-tôt à la tête de l'armée Electorale, jointe à celle de l'Empereur, on le vit obliger les François à abandonner leurs conquêtes, & mettre à leurs progrés ces bornes, qu'ils n'ont jamais pû passer dans la suite.

Cette négociation, le salut de l'Empire & des Provinces-Unies, eut un fruit particulier pour le Prince. Plus connu de l'Empereur à quel point en fut-il aimé ? Quelles liaisons ne

confervât-il pas avec lui ? Quelles lettres , pleines de con-
confiance, & d'affection, en recevoit-il fouvent ? Combien
de fois en fut-il confulté fur des affaires importantes ? Ce
Monarque vouloit même que le Prince s'attachât entiérement à lui , mais il y trouva deux obftacles invincibles : la
Religion, & les intérêts de S. A. Electorale.

Seulement, lors que l'on crût la Fortune de l'Empereur
ruinée fans reffource, & la Maifon d'Aûtriche, aprés avoir
combattu prés de deux fiécles contre celle des Ottomans,
abattuë enfin par l'excés d'une puiffance fi redoutable, le
Prince accourut au fecours de l'Empereur. Comment en fut-
il reçû ? Seul, fuivi de fes Domeftiques & de quelques Gardes, on le reçoit, comme s'il amenoit une armée. L'eftime
& la reconnoiffance, qu'on lui témoigne ne fçauroient s'exprimer, & ne peuvent être comparées qu'à l'affliction, que l'Empereur vient de faire éclater en apprenant fa mort. Caractére
d'un homme important par lui-même. Ce n'eft point une
grande puiffance, attachée à fa perfonne , qui fait eftimer fa
prefence, où regretter fa perte ; c'eft fa vertu feule.

Et certes, il faut l'avoüer, le Prince en avoit infiniment.
Grand Homme à la tête d'une armée, ou dans le Confeil,
qu'il étoit honnête homme dans le commerce de la vie ? Qu'il
y avoit d'agrément & de politeffe dans fes maniéres ? Seur
de fa propre grandeur, & fans l'avilir jamais , qu'il fçavoit
bien en defcendre ? On eût dit, qu'il n'y en avoit dans fa
perfonne, que pour donner du prix à fa civilité , & pour
honorer avec plus d'éclat ceux qui l'approchoient.

Sa converfation étoit pleine de charmes. Il parloit de tout
avec autant de jufteffe que de grace. La Religion ne lui étoit
pas moins connuë, que la Politique. Il étoit magnifique dans
fes dépenfes, modefte dans fes difcours, fidelle à fes Amis,
généreux envers fes Ennemis, libéral envers tout le monde,

favorable aux malheureux, & presque toûjours leur ressour-
ce, charitable envers les pauvres, accessible aux petits, toûjours Maître de sa fortune, & ce qui met le comble à tant
de qualitez excellentes, il portoit au fonds du cœur une piété solide.

Plein d'horreur pour l'irréligion, pour l'indifférence dans
le service divin, éloigné des bassesses & de l'aveuglement de
la Superstitition, autant que des artifices de l'Hypocrisie, il
étoit Chrêtien par lumiére, par choix, & l'étoit plus encore
dans le secret que dans le public. Tous les jours il lisoit l'E-
criture avec cette attention & cette docilité, qui sont la priére la plus efficace pour en obtenir l'intelligence, & l'on voit
encore dans les remarques, dont sa Bible est remplie, des
traits de la lumiére du Saint Esprit, qui l'éclairoit. Que ne
pouvons-nous voir de même les impressions, que cette parole divine faisoit sur son ame, & dont d'autres personnes ont
vû les effets, lors que ne pouvant retenir ces larmes, qu'il est
glorieux aux plus grands Héros de répandre, il offroit à Dieu
le sacrifice d'un cœur froissé par les douleurs de la pénitence,
humilié à la vûë de la grandeur de Dieu & de ses jugemens,
touché de sa miséricorde & de ses bien-faits. Vous, MA-
DAME, tant de fois édifiée des témoignages secrets de sa
piété, Vous-même, Vous nous l'avez appris, & quand
Vous l'auriez voulu taire, pour ne pas trahir sa modestie, ne
nous en reste-t-il pas un témoin parlant dans cette excellente
Priére, qu'il avoit composée, & qu'il adressoit à Dieu toutes les fois qu'il étoit seul.

Redoublez ici vôtre attention. Vous pleurez la mort du
Prince, voici ce qui doit changer vos pleurs en actions de
graces. Vous aimez sa gloire, voici ce qui lui a mérité une
loüange immortelle. Vous êtes engagez dans le monde, voici ce qui peut, ou vous préserver de ses desordres, ou vous en
guérir.

Lors que ce Prince, retiré dans fon cabinet, revient des occupations ou des divertiffemens du monde, craignant d'en être fuivi, troublé, dans la folitude, que fait-il pour en bannir les idées, & pour en purifier fon cœur ? Il confidére ce progrés fi infenfible, mais fi rapide de la vie vers fa fin, la mort toûjours prochaine, ou plûtôt, toûjours prefente, le tombeau, la cendre, le Tribunal de fon Juge, les peines & la gloire de l'éternité ; Il attache fa vûë fur ces derniéres fins de l'homme, fi propres à régler fa courfe, & profterné devant Dieu, il lui demande la grace de bien vivre, pour avoir celle de bien mourir. C'eft le fens de cette priére, dont je vous parle.

Sacré foin, précieufe follicitude, fceau de Dieu dans les ames prédeftinées, vigilance néceffaire, mais rare dans tous les hommes, plus rare dans les Grands, & plus néceffaire encore aux Grands qu'aux autres hommes !

Un homme fans naiffance & fans fortune, voit toûjours la pouffiére, d'où il a été pris, & où il doit retourner. Tout contribuë à la cacher aux Grands, & il faut une grace bien extraordinaire du Saint Efprit pour leur faire voir au milieu des honneurs, des divertiffemens, des affaires, ces objets triftes & humilians, que l'on n'a pas la force d'envifager dans la retraite, dans la mifére, dans l'abaiffement.

Dieu fit cette grace au Prince. Il diffipa ces enchantemens de la grandeur, qui l'environnoient, & lui découvrit le néant du Monde & de la vie, dans la fleur de la vie, dans la gloire du Monde. Au milieu de la Cour, jouïffant d'une fanté ferme & vigoureufe, loin du tombeau, ce Prince médite la mort, & fe fait une habitude douce & falutaire d'y penfer. La coûtume de la voir en éloigne ce qu'elle a d'effrayant, & ne lui ôte point ce qu'elle a d'utile. Il fe plaît à s'en entretenir, & il en parle quelquefois d'une maniére également ingénieufe

& fainte.   Ecoutez fur ce fujet un de fes difcours.

C'eft, difoit-il, une foibleffe indigne d'un homme raifonnable, de regarder la mort comme ce Philofophe, qui l'ap-
pelloit, le Roi des Terreurs, de la reprefenter avec un appareil redoutable.   Pour moi, je la regarde comme l'Am-
baffadeur de Dieu, qui vient nous apporter fes derniers ordres. Elle me paroît, non vêtuë d'un habit noir & funébre,
mais parée de blanc, & couverte du linceül, que Jefus Chrift
laiffa dans fon Tombeau. Les Gardes, qui accompagnent
ce Miniftre de Dieu, pour lui faire honneur, font les Anges,
qui defcendirent à la réfurrection de Jefus Chrift, & fi dans
le lieu, où le Corps du Seigneur avoit repofé, on en vit un
aux pieds, & un autre à la tête, c'eft pour nous apprendre,
que les uns préfervent le corps, & les autres l'ame, des in-
jures de Satan.

Telles étoient les penfées & les difcours de ce grand homme, lors qu'il fentit les premiéres atteintes de la maladie,
qui vient de l'emporter.   D'abord il le diffimule.   Il s'étoit
fait de bonne heure une forte habitude de conferver de l'empire fur la douleur, de la vaincre, de la cacher.   Cent fois
on l'a vû preffé par des douleurs cruelles, parler d'un air
tranquille, & traiter des affaires importantes avec une entiére application, fans pouffer un foûpir & fans changer de vifage.   Noble effet d'un grand courage, & d'autant plus admirable en lui, qu'étant joint avec beaucoup de douceur
naturelle, il ne tenoit rien de la dureté, qui fait la conftan-
ce des Barbares.

C'eft avec cette fermeté ordinaire, que le Prince fuppor-
te, cache, néglige fon mal. La vigueur de fon tempérament
l'a accoûtumé au mépris des incommoditez ; le foin de fe
préparer à mourir, au mépris de la mort même. Ainfi plein
de fa propre douleur, & portant déja la mort dans le fein,

mais toûjours libre , tranquille & tout à lui-même, il part,
pour son Gouvernement, & laisse à sa famille l'espérance
de la revoir bien-tôt.

S. A. S.
*est morte
de la dissen-
terie.*

Passons ici sur des circonstances tristes, qui ne serviroient,
qu'à exciter des larmes , que nous ne pouvons arrêter. La
chaleur, le voyage , irritent un mal , qu'on néglige ; on
commence d'en connoître la malignité, le Prince la voit,
& juge de sa destinée.   Seigneur, c'est ici, où ta grace doit
le soûtenir, & achever l'œuvre excellente, qu'elle a com-
mencée en lui.

Dieu le fait, MES FRERES. La constance & la piété du
Prince ne se démentent point.   A l'aspect de la mort sa vertu se fortifie.   Il l'envisage presente comme il la vit éloignée.
On n'apperçoit ici ni les terreurs de l'homme foible , ni la
sécurité de l'impie, ni le desespoir du méchant, ni la fierté du
Philosophe. La mort est la privation de la vie ; Il la mépri-
se. C'est la citation du pécheur devant le Tribunal de son
Juge ; Il la craint. C'est la comparution du fidelle pénitent
au Trône de la grace; Il se rassure. C'est le chemin de l'immortalité; Il la desire; Il l'embrasse.

Mais ces sentimens, renfermez presque entiérement en lui-
même, éclatent peu. Comme ils n'ont point pour lui cette
nouveauté, qui surprend, il n'a pas de peine à les retenir. Seulement lors-qu'un Domestique , étonné de sa tranquillité,
s'imagine, qu'il ignore le péril, où il est, & lui dit en trem-
blant, qu'il est temps de penser à mourir ; Il n'en est plus
temps, répond-il, que seroit-ce si je n'avois, à m'y préparer,
que les momens, qui me restent.

Cependant ses douleurs redoublent, ses forces s'épuisent,
& lui toûjours attentif, recueilli, sans se dissiper en discours,
les yeux levez au Ciel, quelquefois fermez de foiblesse, de-
mandant de temps en temps, si la Princesse est arrivée, l'u-
nique

nique foin qui l'occupe encore fur la terre, expire enfin fans l'avoir vûë, & remet à Dieu l'efprit, qu'il en a reçû.

Ainfi meurt ce grand Homme, digne du fouvenir éternel de la Poftérité. Prince, qui ne fut pas fans défauts ; Oferoit-on en parler autrement à la vûë de fes cendres, ennemies encore de l'orgueüil & de la flâterie, & le loüer d'une maniére indifcréte & vaine ? Prince, dis-je, qui ne fut pas fans défauts : aucun homme n'en fut jamais exempt, mais qui les effaça, devant Dieu, par fa pénitence ; devant les hommes, par de grandes vertus ; Né pour la Cour, pour les hauts Emplois ; d'un mérite plus étendu que fa Fortune ; Grand dans la dépendance, & qui fembla n'être foûmis, que pour unir la gloire de l'obéïffance aux vertus d'un Souverain ; Heureux dans la guerre, où il ne fut jamais contraint de fuir ; dans les affaires, qu'il mania toûjours avec fuccés ; dans fa famille, dont il fit les délices, & qu'il aima avec une tendreffe, qu'on ne peut comparer, qu'à l'amour, qu'elle avoit pour lui. Ainfi meurt ce grand Homme, & femblent s'éteindre, avec fa vie, la gloire & la profpérité de fa Maifon.

Mais que dis-je, qu'elles femblent s'éteindre ? La douleur nous aveugle, & ces triftes objets, qui nous environnent, & qui nous pénétrent, nous cachent nos juftes efpérances. Nôtre profpérité dépend-elle de la prefence & de la faveur des hommes mortels ? N'eft-ce pas de l'éternelle miféricorde de Dieu?

Non, non, MES FRERES, la lumiére n'eft que femée pour le Jufte, elle n'eft pas éteinte ; cachée pour quelque temps, on la verra renaître avec plus d'éclat & de gloire. Dieu, toûjours favorable à ceux, qui efpérent en lui, nous prépare des confolations efficaces, & déja même à travers ces ténébres de trifteffe & de crainte, qui nous envelopent, je vois luire fur nous les premiéres clartez de fon vifage.

Déja ce Prince Religieux, Sage, Puiffant, Magnifique, lié *S. A. Ele-* fi étroitement à cette Augufte Maifon par le fang & par l'al- *Ctorale de Brande- bourg.*

liance, touché des ſervices de nôtre bon Maître autant que de ſa mort, s'intéreſſe au malheur de ſa famille d'une maniére ſi généreuſe & ſi tendre, qu'il ſemble mettre une partie de ſa gloire à le réparer.

Déja l'illuſtre Veuve commence à revenir de cet accablement de douleur, qui nous cauſa de ſi juſtes allarmes. Elle ſçait, que des pleurs immodérez ſeroient en quelque ſorte rebelles à la Providence ; que dans les plus juſtes afflictions il y a un degré de ſenſibilité, qui n'eſt plus vertu ; qu'elle ſe doit à ſes Enfans & à ſes Sujets ; qu'elle ne peut les conſoler, qu'en ſe conſolant elle-même.

Déja le Prince, Héritier du Nom, de l'Etat, de la Gloire de ſon grand Prédéceſſeur, ſe prépare à l'imiter ; à ne laiſſer aucun vuide dans la place, qu'il lui a quittée ; à poſſéder ſes Vertus, comme ſon Autorité. Jugeant avec raiſon, qu'il ſeroit indigne de lui, de devoir entiérement ſa dignité à ſa Naiſſance, ou à la Fortune, il veut être tel par lui-même, qu'on eût dû le choiſir pour commander, ſi la Naiſſance ne l'y avoit appellé.

Oüi, MONSEIGNEUR, & je puis ſans doute en répondre au public, ce ſont-là vos intentions. Vous Vous préparez à remplir le caractére ſingulier & extraordinaire d'un Prince, digne d'un ſi grand Nom. Je n'ai pas deſſein de vous inſtruire de l'étenduë de ce caractére. D'autres auroient ſoin de le faire, ſi vous l'ignoriez. Mais permettez-moi d'en déveloper l'idée devant Vous, & devant ceux qui m'écoutent. Pourrois-je mieux les conſoler du Prince, qu'ils ont perdu, qu'en leur faiſant voir, quel Prince Vous voulez devenir ?

Un Prince, MONSEIGNEUR, n'eſt pas un homme ordinaire, ni le Trône, où il eſt élevé, la ſeule diſtinction, qui le ſépare de ſes ſujets. C'eſt un homme, que la Providence met au deſſus des autres, mais qui doit s'y mettre lui-même par ſon Mérite ; qui chargé du plus grand & du plus difficile de tous les Emplois, doit avoir ces qualitez éminentes , qui sont nécessaires pour régner sur les autres, pour soûtenir le poids d'une grande autorité, & d'une grande fortune, pour régler l'usage d'un pouvoir indépendant, & pour trouver, dans sa propre vertu, une loi sévére & impérieuse, qui régle ses desirs & ses actions. C'est un homme, libéral dans l'abondance, magnanime dans les dangers, modeste dans les honneurs, tempérant au milieu du luxe & des plaisirs, grave sans être trop sévére , prudent sans artifice, humain sans foiblesse, d'une élevation tempérée par la douceur & l'honnêteté, juste, sage, vaillant , laborieux, actif, Ennemi de l'impiété, Protecteur de la Religion ; Et pour tout dire en un mot, un homme, qui, étant le premier Ministre de Dieu, doit approcher plus que tous les autres de ses perfections infinies, & exerçant son autorité, l'exercer comme lui.

C'est-là, MONSEIGNEUR, l'idée d'un Prince digne du rang, où Dieu l'a élevé, des respects & de la soûmission des hommes. C'est à cette haute vertu, que vous voulez parvenir, & Dieu, qui vous y appelle par les qualitez excellentes, qu'il Vous a données, veüille bénir ce glorieux dessein, & accomplir en Vous nos vœux & nos espérances.

Et Nous, MES FRERES, profitons de nôtre perte. Qu'une mort, si funeste à tant d'égards, soit utile à nôtre salut. C'est un Prince, qui vient de mourir. Grands de la Terre, voyez le néant des grandeurs humaines. Elles s'évanoüissent comme une ombre, & il n'en reste rien , que l'usage qu'on en a fait, & le compte qu'on en doit rendre.

C'est un homme robuste, qui meurt dans sa force, & lorsqu'on s'attend à le voir passer le terme, que le Prophete marque aux plus vigoureux. Hommes forts & vains, qui joüissez de la vie, comme si vous étiez immortels, voyez le néant de vôtre gloire & de vôtre félicité. Cette force du tempérament, cette santé ferme & vigoureuse, ces appuis de la vie, qui vous semblent de marbre & d'airain, sont la fragilité même. Vous les verrez fe renverfer & fe brifer dans un moment, à la rencontre d'un vermiffeau.

C'eft un Chrêtien prudent, éclairé, à qui les affaires, le Monde, la Cour, la Grandeur n'ont pû dérober la vûë de fa derniére fin. Mondains, qui n'y faites aucune réflexion, voyez, fi vous ferez excufables de l'oublier dans une condition, où les tentations font infiniment moindres, & les fecours incomparablement plus grands.

Enfin, c'eft un Prince, qui prend en mourant le caractére de Pafteur, qui, comme le Prophete Roi, revêtu de la double autorité, que Dieu a donnée aux hommes, enfeigne à fon peuple le chemin de la vie éternelle. O vous, qui refpectâtes dans fa bouche des ordres humains. Domeftiques obéïffans, fujets fidelles, refpectez la parole de Dieu, qu'il vous annonce, & toutes les fois, que la mémoire de vôtre Souverain réveillera, dans vos cœurs, les fentimens de reconnoiffance & de vénération, qu'il a méritez, fouvenez-vous, qu'en mourant, tout prêt d'entrer dans le Ciel, & prefque au nombre des Efprits immortels, il vous laiffa cette importante leçon, monument éternel de fa piété, c'eft ici la vie éternelle de connoître un feul vrai Dieu, & Jefus Chrift Envoyé de Dieu.

Puiffe la douleur, dont nos ames font pénétrées, favorifer l'impreffion, que cette parole doit faire fur nos cœurs. Puiffe ce jour d'affliction pour nous, être pour les Anges du Ciel un jour de Fête, à caufe de la converfion de quelques pécheurs. Puiffe le feul vrai Dieu trouver en nous de vrais & de purs adorateurs, qui le fervent en efprit & en verité, & qui ne fervent que lui feul. Puiffe enfin Jefus Chrift, l'Envoyé du Pere, revêtu des Caractéres auguftes & lumineux de Fils de Dieu, créer dans nos cœurs l'obéïffance & la foi, une connoiffance de la verité, également certaine & cace, & pure, nous conduire à la vie éternelle. Amen.

F I N.